Gisela Storz

Wut

Gisela Storz ist Familientherapeutin und gibt seit vielen Jahren Elternkurse. Unter dem Namen Gisela Preuschoff veröffentlichte sie zahlreiche Elternratgeber, u. a. *Störenfriede, Nervensägen, Quälgeister* und *Kinder zur Stille führen*.

Gisela Storz

Wut

Warum Kinder wild werden

Die Namen der Kinder wurden zum Schutz ihrer Privatsphäre geändert.

Dieses Buch ist auch als E-Book erhältlich:
ISBN 978-3-407-72735-0

www.beltz.de

© 2014 Beltz Nikolo in der Verlagsgruppe Beltz • Weinheim und Basel
Lektorat: Tarek Münch
Gestaltungskonzept: Atelier Bea Klenk, Bea Klenk/Sabina Riedinger
Satz und Herstellung: Lelia Rehm
Umschlagfoto und Innenteilfotos: © Marlen Mauermann
Druck und Bindung: Beltz Bad Langensalza GmbH, Bad Langensalza
Printed in Germany

ISBN 978-3-407-72734-3
1 2 3 4 5 19 18 17 16 15

Inhalt

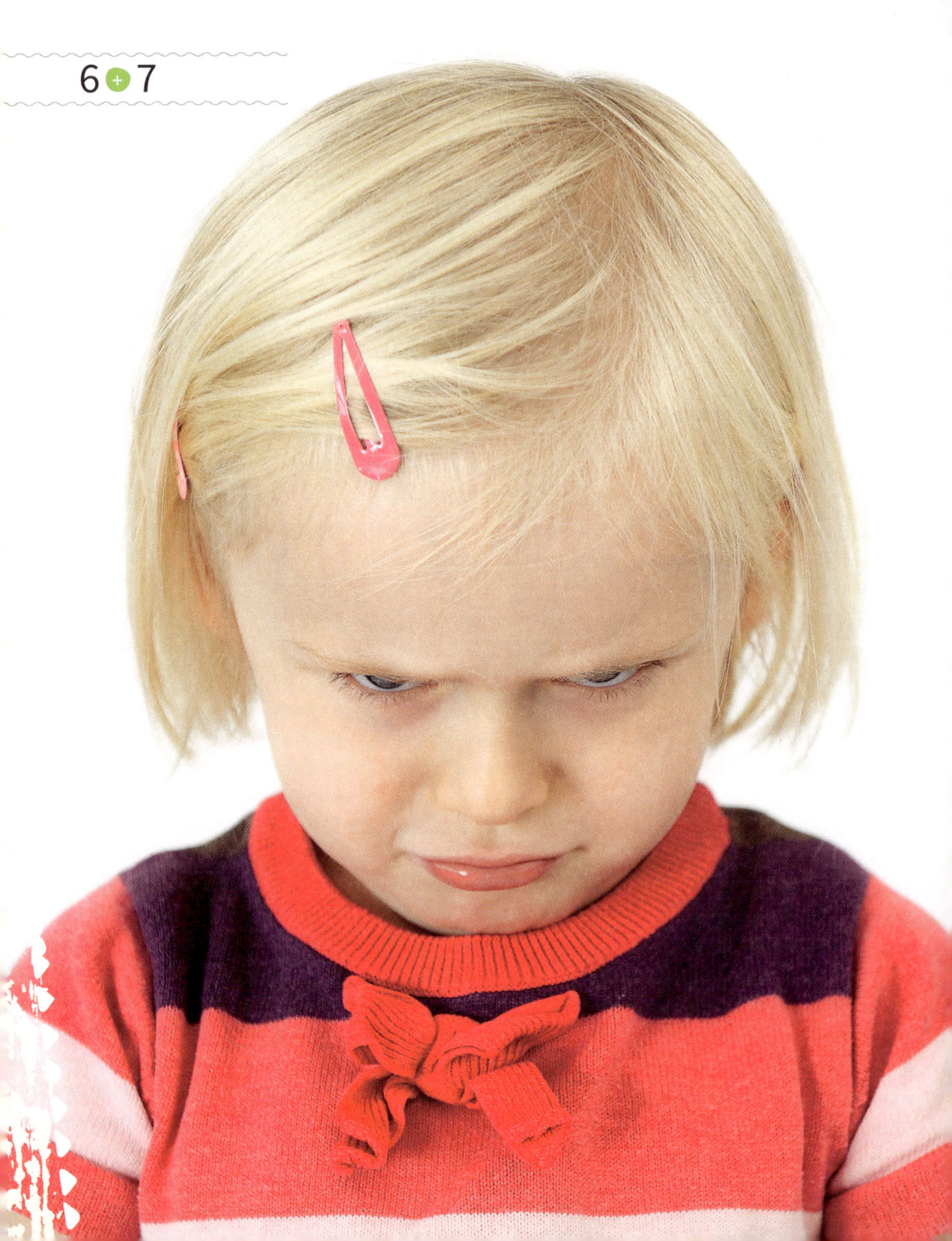

MEHR ALS ANSTREN-GEND

»Selig sind die Sanftmütigen«, heißt es in der Bibel. Aber was ist mit den explosiven Kindern, die **Eltern und Erzieherinnen an den Rand des Nervenzusammenbruchs bringen?**

»Hat er sich wehgetan?«

Nein, hat er nicht. Er will Gummibärchen, aber die »blöde Mama« weigert sich, sie zu kaufen. Der Klassiker: Das Kind hat sich auf die Fliesen des Supermarkts geschmissen und schreit jetzt so laut, dass alle Passanten entsetzt zur Mutter schauen: Wie ist die denn drauf?

Kinder sind nicht nur süß, neugierig, charmant und fröhlich, sondern können auch extrem anstrengend sein. Um die vielen Herausforderungen zu meistern, brauchen Eltern und Erzieher Geduld, Vorbilder, manchmal auch Tipps und Tricks. Vor allem aber brauchen sie Wertschätzung und Respekt, denn alles, was Eltern heute leisten, sind Investitionen in die Zukunft. Die Kinder von heute sind die Eltern von morgen und werden die Welt entscheidend mitgestalten. Auch wenn der Weg bis dahin noch unendlich weit erscheint.

»Manchmal hab ich Wut, dann muss ich was kaputthaun, dann muss ich was zertreten, dann bin ich ganz gemein!«, sangen einst die Schauspieler des Berliner Grips-Theaters und brachen damit ein Tabu – denn Wut ist nicht gesellschaftsfähig.

Wer unkontrolliert wütet, benimmt sich unanständig, kann sich nicht kontrollieren. Von Seneca bis Kant und Nietzsche warnen die großen Philosophen vor unserer Wut, die »ausgetrieben«, ja »ausgerottet« werden müsse, um »den Geist zu reinigen«. »Gleichgültig, aus welchen Gründen es zum Wutanfall kommt, er ist nicht zu tolerieren«, schreibt der Psychologe Dieter Krowatschek.

Doch wer hilft Eltern, die sich alle Mühe geben, aber nichts als Ge-brüll ernten? Warum rastet Edgar jedes Mal aus, wenn er sich an-ziehen soll? Weshalb wird es immer peinlich, weil Toni jedes Mal heult, wenn seine Mutter ihn aus der Kita abholen will? Wieso wirft Lea mit Bausteinen nach ihrer kleinen Schwester? Und was emp-findet Leons Mutter, wenn sie hört, dass er mit einem Stuhl nach Ben geworfen und ihn nur knapp verfehlt hat?

● ● ● ● ●

»Was haben wir falsch gemacht? Wer hat Schuld?« Das fragen sich fast alle Eltern, wenn ihr Kind kriti-siert wird. Kommt diese Kritik aus dem Mund pro-fessioneller Erzieher, drohen zahlreiche Elternge-spräche und heftige Auseinandersetzungen. Dann

»Hüte dich vor dem Zorn der Taube.«

Aus Frankreich

fühlen sich Eltern wie auf der Anklagebank. Spätestens bei Schulkindern wird schnell ein unguter Kreislauf in Gang gesetzt, der Familien stigmatisiert und aus temperamentvollen, intelligenten Erstklässlern Problemfälle und Schulversager macht. In unserer Leistungsgesellschaft sollen alle funktionieren und das Rad am Laufen halten. Wenn ein Kind wild wird und mit Armen und Beinen strampelt, stört es den geplanten Ablauf, den gewünschten »Arbeitsfrieden«. Solche Störungen sind unerwünscht.

Wut ist ein Alarmsignal

Aber sind es nicht gerade Zornzwuckel, die Eltern zum Nachdenken bringen, Fragen aufwerfen und Anstöße zu Veränderungen geben? Die Wut von Kindern ist wie unsere eigene immer ein Alarmsignal, das auf Gefahr hinweist.

Ich erinnere mich an Tim, einen Schüler von mir in Berlin, der vor vielen Jahren in die erste Klasse ging. Ohne erkennbaren Anlass kniff er im Unterricht andere, trat um sich und piesackte bei jeder Gelegenheit. Meine Kollegin und ich hatten ihn sehr gern, aber natürlich konnten wir sein Verhalten nicht dulden. Einmal war es so schlimm, dass wir seine Mutter baten, ihn abzuholen. Sie erschien voller Wut und schubste ihren Sohn vor unseren Augen die Treppe hinunter. Wir waren nicht nur entsetzt, sondern ahnten jetzt auch, warum sich Tim so verhielt. Nie wieder ergriffen wir solche Maßnahmen! In einem Gespräch mit Tims Mutter wurde später vereinbart, dass sein Verbleib an der Schule von einer Familientherapie abhinge. Dann zog Tim um und wir haben nie wieder von ihm gehört.

An der Schmerzgrenze

Wütende Kinder suchen Resonanz. Sie sind wie Seismografen, die uns anzeigen, dass etwas nicht stimmt. In den letzten Jahren war viel von »kleinen Tyrannen« zu lesen. Dieser Ausdruck suggeriert, dass Kinder ihre Eltern unterdrücken würden. Tatsächlich ist es umgekehrt: »Kleine Tyrannen« werden unfreiwillig in eine Rolle gedrängt, die sie nicht ausfüllen können: Sie sollen über sich selbst bestimmen und wie Partner der Eltern handeln. Aber das können sie nicht.

Kinder sind zweifellos sehr kreativ und kompetent, aber ihnen fehlt es an Erfahrung. Sie wissen noch nicht, was sie brauchen, um durchs Leben zu kommen und die vielfältigen Alltagsprobleme zu lösen. Was erlaubt ist und was gegen Regeln verstößt, müssen Kinder erst lernen, am besten von ihren Eltern. Die wissen schließlich, welches Essen gesund ist, wie viel Schlaf guttut und wo Gefahren lauern. Orientierung gibt Kindern Sicherheit, auch wenn es sie zunächst wütend macht, nicht das zu bekommen, was sie gerade wollen oder worauf sie Lust haben.

»Kinder brauchen Grenzen« – heißt es. Damit wird suggeriert, dass sie diese nicht haben, aber das ist ein Irrtum. Wir alle haben Grenzen! Und wir spüren sie immer dann, wenn andere sie übertreten. Je besser wir unsere Grenzen kennen und je deutlicher wir sie artikulieren, desto angenehmer wird unser Kontakt zu anderen Menschen sein. Erwachsene und Kinder können ihre Grenzen ständig verändern. Wenn wir krank oder geschwächt sind, müssen wir die

Grenzen enger ziehen. Manchmal gelingt es uns, über die eigenen Grenzen hinauszuwachsen. Dann sind wir stolz und glücklich. Im Zusammenleben mit Kindern lernen Erwachsene ihre Grenzen oft deutlich kennen, ohne sich dessen immer bewusst zu sein. Kinder kennen ihre Grenzen zunächst noch gar nicht. Sie fangen einfach an zu schreien, wenn sie überreizt sind. Es dauert mindestens zehn Jahre, bis ein Kind zu verstehen geben kann: »Bis hierher und nicht weiter! Hier ist meine Schmerzgrenze.«

Die Verantwortung für das Respektieren von Grenzen liegt in der Verantwortung der Erwachsenen. Wie Vater, Mutter und ein Kind oder mehrere Kinder miteinander umgehen, liegt immer in der Verantwortung der Eltern. Sie bestimmen den Ton und das Klima einer Familie.

Grenzen sind individuell

Jeder Mensch hat individuelle Grenzen. Sie sind auch bei den Eltern verschieden. Wenn die einjährige Luna mit den Fingern im Essen manscht, kann Papa das ganz normal finden, aber Mama extrem eklig. Das hängt mit den jeweiligen Herkunftsfamilien zusammen. Was Kinder dürfen und was nicht, müssen Eltern miteinander klären. Das Regeln von Mensch zu Mensch unterschiedlich sind und von Situationen abhängen, lernen Kinder schnell.

Kinder wissen zwar, worauf sie Lust haben, müssen aber erst lernen, ihre Wünsche und Bedürfnisse so vorzutragen, dass andere sie verstehen können. Mit den Dingen, die uns umgeben, zu experimentieren, ist für ein neugieriges Menschenkind ganz normal. Für

eine Mutter kann es hingegen völlig abwegig sein, Kartoffelbrei mit den Fingern zu untersuchen.

Dieser Prozess, die gegenseitigen Grenzen kennenzulernen, sich dabei auszutauschen und einander zu respektieren, dauert Jahre.

Kinder wollen zwar oft ganz bestimmte Dinge, aber sie wissen nicht, was gut für sie ist. Sie wollen den Schokoriegel aus der Werbung, weil sie die Manipulation noch nicht durchschauen können. Sie wollen nicht schlafen, weil sie nicht wissen, wie viel Schlaf sie brauchen. Und sie wollen vieles nicht tun, obwohl sie nicht umhinkommen, es zu lernen. Schließlich muss sich jeder irgendwann allein die Schuhe zubinden können und für einen bestimmten Bereich Verantwortung übernehmen.

Wut und Entwicklung

Spätestens im ersten Schuljahr wird von Kindern verlangt, geduldig abzuwarten, bis sie aufgerufen werden, sich allein anzuziehen und sinnvolle Regeln des Miteinanders einzuhalten. Eltern müssen lernen, dass es durchaus mit Liebe zu tun hat, wenn sie etwas verweigern oder darauf bestehen, dass etwas getan wird. Es ist verständlich, dass ein Kind zunächst mit Wut darauf reagiert. Das bedeutet aber nicht, dass es aufhört, seine Eltern zu lieben. Es bedeutet auch nicht, dass die Eltern etwas falsch gemacht haben. Wut ist ganz normal!

Sie kommt aus der Enttäuschung – aber sie geht auch wieder. Enttäuschung wird auch als Frustration oder schlicht »Frust« bezeichnet. Sie kommt oft im Leben vor, weil wir uns leicht täuschen lassen. Sich Dinge und Ereignisse vorzustellen und auszumalen, ist eine wunderbare Fähigkeit des Menschen. Gerade Kinder sind darin besonders gut. In ihrer Fantasie spielen sie gerade ein aufregendes Abenteuer oder essen eine fantastische Speise – und dann kommt ein Erwachsener und zerstört alles!

»Das geht jetzt nicht!« oder »Wir müssen in fünf Minuten los!«.

Wer sollte da nicht wütend werden?

GUTE WUT
– gefährliche Aggressionen

Wut ist überlebenswichtig.
Ohne sie könnten wir nicht für uns
einstehen und wären Angriffen
von außen hilflos ausgeliefert.

Vulkanerde ist fruchtbar

»Wir schäumen vor Wut« – unter diesem Motto streikten vor kurzem Pfleger und Krankenschwestern eines großen Universitätsklinikums. Bei den Protesten gegen den neuen Stuttgarter Bahnhof wurde der Begriff »Wutbürger« geprägt. Und »Empört Euch!« war der Aufruf überschrieben, den der französische Autor Stéphane Hessel mit über achtzig Jahren millionenfach in mehreren Ländern verbreitete, um gegen die Machenschaften des Finanzkapitals zu protestieren. Auch Gott wird zornig, wenn er die bösen Taten der Menschheit sieht. Damals schickte er die Sintflut. So steht es jedenfalls in der Bibel. Es scheint also einen »gerechten« oder gar »heiligen« Zorn zu geben. Ist Wut also erlaubt? Woher kommt diese Kraft, die jeder kennt und kaum einer mag?

Wie alle anderen Gefühle ist auch Wut weder gut noch schlecht. Sie gehört zum Menschen wie eine Augenfarbe oder Schuhgröße. Wut ist stärker als Ärger. Wenn wir uns über etwas ärgern, werden wir lebendig. Es ist, als würden in uns Alarmglocken ausgelöst.

Ärger richtet sich meistens gegen eine Person. »Sie ist schuld!« ist ein Gedanke, der automatisch auftaucht. Aber stimmt das wirklich? Bei einer »Stinkwut« riechen wir fast die Schwefelgase des Vulkans. Aber ist Vulkanerde nicht besonders fruchtbar? »Ich schreibe nur aus Zorn oder einer anderen Begeisterung«, sagt Peter Handke in einem Interview: »Ich finde nicht, dass der Zorn zu den sieben Todsünden gehören muss. Mir fehlt er manchmal – bei den anderen vor allem. Es gibt eine Geduld unter den Menschen,

Am Anfang war der Zorn

Peter Sloterdijk hat darauf hingewiesen, dass »Zorn« das erste Wort der abendländischen Literatur ist. Es bildet den Auftakt von Homers *Ilias*: »Den Zorn singe, Göttin, des Peleussohns Achilles, / Den unheilbringenden Zorn, der tausend Leid den Achäern / Schuf und viele stattlich Seelen zum Hades hinabstieß …« Es folgt die blutrünstige Geschichte des Trojanischen Krieges. »Bemerkenswert dabei ist«, so Sloterdijk, »daß der Sänger keinerlei Beschönigung im Sinn hat. Von den ersten Zeilen an kehrt er die unheilstiftende Kraft des heroischen Zorns hervor: Wo er sich manifestiert, fallen die Schläge nach allen Seiten.« In seinem Buch *Zorn und Zeit* (2006) beschreibt Sloterdijk die Wut als zentrale Triebkraft von Entwicklung und Veränderung.

die ich nicht schön finde. Das ist nicht einmal Schafsgeduld, sondern eine Ochsengeduld. Manchmal kommt mir die ganze Menschheit verochst vor. Jeder kleine Stier ist mir lieber als diese erwachsenen Ochsen.«

Wut hilft uns, für uns einzustehen und Missstände anzuprangern. Ohne Wut gäbe es keine Veränderung. Viele gesellschaftliche Errungenschaften wie der Achtstundentag, der Ausstieg aus der Atomenergie oder das Ende der Rassentrennung wurden nur erreicht, weil Menschen wütend waren. Selbst Kinder können »heiligen Zorn« verspüren, wenn sie erfahren, dass Orang-Utans oder Wale vom Aussterben bedroht sind oder ihr geliebter Kletterbaum gefällt werden muss. Dieser Zorn kann dann zur Leidenschaft werden, sich für eine gerechte Sache einzusetzen.

Udo Baer und Gabriele Frick-Baer schreiben in ihrem Buch *Wie Kinder fühlen:* »Kinder können im Brustton tiefster Überzeugung und nachhaltig zürnen, z. B. wenn sie sich gekränkt, gestört oder verraten fühlen oder wenn sie sich eine Sache leidenschaftlich zu eigen machen … dieser Zorn kann die Kinder ganz erfüllen, sie und ihr Verhalten ›beseelen‹. Der Zorn wird zur Leidenschaft und setzt Kräfte frei. An ihm wird deutlich, wie die Fähigkeit zu einem klaren und entschiedenen Nein auch eine Kraftquelle sein kann für ein Ja, für den Einsatz und die Verteidigung einer als gerecht erachteten Sache.«

Tatsächlich gingen viele der positiven Veränderungen, die es in den letzten Jahrzehnten in Kindergärten und Schulen gab, von rebellischen, »verhaltensauffälligen« – wütenden Kindern aus. Wären sie brav und unauffällig geblieben, gäbe es vielleicht heute noch die Prügelstrafe oder das In-der-Ecke-Stehen.

Das lateinische Wort »aggressio« bedeutet Angriff. Aggressiv nennen wir Handlungen, die anderen verbal oder körperlich Schmerz zufügen. Zu Aggression gehören auch Wutgefühle. Allerdings gibt es bei Erwachsenen auch »kalte« Aggression, wenn Menschen aus kühler Berechnung jemanden angreifen. Wirtschaftskriminalität gehört zum Beispiel in diese Kategorie.

● ● ● ● ●

Aggression entsteht ursprünglich aus der Angst, einer Gefahr nicht gewachsen zu sein. Sie hilft uns zu überleben, indem wir uns für uns einsetzen und selbst verteidigen. Aggression ist eine vitale Kraft, die uns Dinge in Angriff nehmen lässt. Sie sorgt dafür, dass wir unsere Grenzen wahrnehmen und für uns einstehen. Wie Feuer wärmt und erhellt sie, kann aber auch zerstören und verletzen, ja sogar töten.

Wie der Umgang mit Feuer muss auch der Umgang mit den eigenen aggressiven Impulsen gelernt werden. Kinder beobachten uns genau und ahmen uns nach. Stampfen wir mit dem Fuß auf, schreien wir oder knallen wir die Tür zu? In jeder Familie gibt es unausgesprochene oder bewusst aufgestellte Regeln zum Umgang mit Wut und Aggression. Sie offen und fair auszuleben, ist gesund. Da kann es auch mal laut werden. Zerstörungswut in Form verletzender Worte oder körperlicher Angriffe muss aber vermieden werden. Sie drückt extreme Hilflosigkeit und große Angst aus. Nicht umsonst spricht man bei Hunden von »Angstbeißern«.

Gewalt ist dagegen stets mit Macht verbunden. Das Wort kommt aus dem althochdeutschen »waltan«, das »herrschen« bedeutet. Wenn drei auf einen prügeln, sind sie gewalttätig. Wenn Eltern ihre Kinder schlagen, einsperren oder auf andere Weise misshandeln, üben sie Gewalt aus. Eltern haben die Macht über das Wohlergehen ihrer Kinder – auch dann, wenn sie sich machtlos fühlen. In

Deutschland ist es inzwischen verboten, Kinder zu schlagen und andere Formen körperlicher Gewalt anzuwenden. Lächerlichmachen, Sarkasmus, Heruntermachen und üble Nachrede sind aber auch Formen von Gewalt.

Die neurologische Perspektive

Unser Gefühlsleben wird mehr und mehr erforscht. Heute wissen wir, dass bei Wutanfällen der älteste Teil des Gehirns aktiviert wird. Er wird Stammhirn oder »Reptilienhirn« genannt, denn schon lange bevor es Menschen gab, sorgte dieser Teil bei bestimmten Tierarten dafür, dass grundlegende »Urtriebe« wie Hunger, Paarung und Revierverteidigung wahrgenommen wurden.

Über die Jahrtausende bildete sich im »Säugetierhirn« später ein Zentrum, das Reize bewertet, zum Beispiel Schmerzen. Wenn uns etwas körperlich oder seelisch wehtut, kommt es beim Menschen zu einer Aktivierung der Angstzentren (Mandelkerne) und der Ekelzentren (Insulae), die ihren Sitz in der Tiefe der Schläfenregionen haben. Werden Bedrohung oder Schmerz stärker, werden die tiefer gelegene Alarmregion, das Stresszentrum im Hypothalamus und das Erregungszentrum im Hirnstamm (»Reptilienhirn«) aktiviert.

Bei Säugetieren, insbesondere bei dem mit einem besonders umfangreichen Großhirn ausgestatteten Menschen, kommt es bei Gefahr aber nicht automatisch zu einem Angriff. Ein wichtiger Zwi-

schenschritt wird vorgeschaltet: Bevor wir jemanden attackieren, durchlaufen unsere Impulse eine Art neurobiologische Kontrollschleife: Im »präfontalen Cortex«, dem Stirnlappen des Gehirns oberhalb der Augenhöhlen, sitzen Nervenzellnetzwerke, die Informationen darüber gespeichert haben, welche Folgen eine aggressive Handlung für uns selbst sowie für das Gegenüber haben könnte. Innerhalb von Sekunden erfährt der aggressive Impuls eine Veränderung, meist im Sinne von Mäßigung. In unserem Stirnhirn wird also eingeschätzt, ob ein »Angriff« angemessen ist bzw. welche Folgen daraus entstehen könnten.

Natürlich können kleine Kinder noch nicht überblicken, wie sich ihr aggressives Verhalten auswirkt. Dazu bedarf es jahrelangen Lernens, sprich: Lebenserfahrung. Kindliche Aggression ist immer ein Hilferuf: »Schaut doch her! Ich kann mich nicht anders ausdrücken. Mir geht es nicht gut!« Eine sinnvolle Antwort darauf ist: »Ich sehe, dass du wütend bist, und möchte dich verstehen. Schlagen tun wir uns nicht.«

Während die Hirnstrukturen, die mit unseren Sinnesorganen verknüpft sind, bereits in den ersten Lebensjahren ihre volle Funktionsfähigkeit erreichen, entwickelt sich der »Präfontale Cortex« (Stirnlappen) sehr langsam und ist erst im Alter von 20 bis 25 Jahren voll ausgereift. Aufmerksamkeit, Handlungsplanung, Selbstdisziplin und Impulskontrolle, die dort angesiedelt sind, entstehen nicht von allein, sondern sind das Ergebnis eines langen Lernprozesses.

»Wut verkürzt den Weg.«   ● ● ● ● ●

Shakespeare

Ist Wut männlich? Testosteron und Östrogen

Testosteron ist das männliche Hormon und wird auch als »Aggressionshormon« bezeichnet. Männliche Tiere führen in der Paarungszeit Kämpfe aus und fahren Drohgebärden auf, um Rivalen abzuschrecken. Die biologische Funktion solcher Verhaltensweisen besteht darin, dass sich das Weibchen mit den kräftigsten und gesündesten Männchen paart. Nun sind Menschen keine Tiere, aber einige Verhaltensweisen scheinen doch tief in uns verankert zu sein. So sprechen wir zum Beispiel auch von »Zähne zeigen«, eine typische Drohgebärde.

Dass Männer Dinge in Angriff nehmen, etwas »erjagen« und ihre Beute »verteidigen«, wird dem Hormon Testosteron zugeschrieben. Lauscht man Männergesprächen, geht es oft um Leistung und Errungenschaft, während sich Frauen gerne über Beziehungen unterhalten. Wer kleine Jungen beobachtet, wird meist feststellen, dass sie es lieben, zu rangeln und ihre Kräfte zu messen. Lässt man zwei Jungen im Kindergartenalter in einem leeren Raum mit zwei Stühlen allein, fangen sie in der Regel an, darauf herumzuklettern und alles Mögliche damit auszuprobieren. Geschieht dasselbe mit zwei Mädchen, setzen sie sich hin und unterhalten sich, das hat Deborah Tannen vor vielen Jahren in zahlreichen Untersuchungen festgestellt.

In den ersten Wochen der Schwangerschaft sehen Jungen und Mädchen noch ziemlich gleich aus. In der 8. bis 15. Woche werden die Y-Chromosomen aktiv und produzieren Testosteron, wodurch sich Hoden und Penis bilden. Unmittelbar nach der Geburt hat der kleine Junge so viel Testosteron wie ein Zwölfjähriger, weshalb Eltern auch bei Babys Erektionen feststellen können. In den nächsten Monaten sinkt der Testosteronspiegel wieder ab und pendelt sich in der Kleinkindphase auf niedrigem Niveau ein. Im Alter von vier Jahren verdoppelt sich dann die Testosteronproduktion wieder, weshalb sich viele Jungen in diesem Alter zu »wilden Kerlen« entwickeln, Doktorspiele und Kämpfe lieben. Schimpansen sind übrigens mit fünf Jahren geschlechtsreif. Bei kleinen Jungen sinkt der Testosteronspiegel dann wieder um 50 Prozent, bis er in der Pubertät erneut um 800 Prozent steigt.

Aber es sind nicht allein die Hormone, die einen Mann zum Mann machen! Alltagserfahrungen und Beobachtungen, Vorbilder aus der Familie, dem Kreis der Freunde und Verwandten, aber auch aus der Werbung und dem Fernsehen beeinflussen unsere Kinder enorm. Der Mensch lernt durch Vormachen und Nachahmen! Weil Mütter in der Regel weniger arbeiten als Väter, weil in Krippen, Kitas und Grundschulen fast nur Frauen tätig sind, haben Mädchen weibliche Rollenvorbilder stets präsent. Jungen haben es dagegen schwerer, ihren Weg zum Mann zu finden. An wem sollen sie sich aber orientieren? Wer hilft ihnen, ihren Weg zwischen Gangsterboss, Winnetou und Fußballstar zu finden? Großes Glück haben Jungen mit einem Vater, der sich kümmert. Hinzu kommt, dass Jungen besonders verletzliche Wesen sind. Sie haben mehr Krankheiten und Unfälle, Abschiede und Trennungen fallen ihnen schwerer als Mädchen gleichen Alters, sie versagen häufiger in der Schule, brechen Ausbildungen ab und töten sich öfter selbst als Mädchen.

Wenn Jungen die Sensibleren sind, ist es dann nicht verständlich, dass sie leichter aggressiv werden? Schließlich müssen sie sich besonders schützen. Und noch etwas: Jungen sind in der gesamten Entwicklung, insbesondere in der Sprachentwicklung, hinter den Mädchen zurück. Sie reagieren daher eher mit Körperkraft, während Mädchen oft eine verbale Attacke beherrschen, sich sprachlich genauer und treffsicherer abgrenzen können.

Wut schützt die Sensiblen

Starke Gefühle hat jeder. Aber niemand muss aus einer Wut heraus andere oder sich selbst verletzen. Dass Testosteron Jungen generell aggressiv macht, ist ein längst widerlegter Mythos, denn auch Mädchen haben Testosteron und Jungen Östrogen, wenn auch in kleineren Mengen. Außerdem wird der Hormonpegel durch äußere Einflüsse ständig verändert: Wenn Mädchen mit großem Einsatz Fußball spielen, steigt ihr Testosteronpegel und Jungen werden dank Oxytocin ruhiger und sanfter, wenn sie gestreichelt und in den Arm genommen werden. Natürlich können Eltern die sprachlichen Fähigkeiten ihrer Söhne durch Vorlesen und regelmäßige Familiengespräche gezielt fördern. Und auch der wildeste Junge kann lernen, seine Wut an einem Kissen oder beim Hiphop-Tanzen auszulassen. Jeder Mensch ist lernfähig und jeder Mensch möchte lieben und geliebt werden.

Die Kunst besteht darin, Wut in Energie für unsere Interessen, Offenheit für neue Erfahrungen und in Tatkraft zu verwandeln. Durch die Wut hindurch kommen wir unseren Wünschen und Zielen näher.

Kinder sollen heute sportlich sein, können sich aber selten austoben und dürfen keinen Tobsuchtsanfall bekommen. Sie sollen sich in unserer »Ellenbogengesellschaft« behaupten können, dabei aber möglichst keine Ellenbogen benutzen. Fäuste schon gar nicht. Kinder sollen im Wettbewerb bestehen, dürfen aber nicht aggressiv sein. Geht das?

Trauer – die Schwester der Wut

Aus allem bisher Beschriebenen wird deutlich, dass das uralte Alarmsystem im »Reptilienhirn« des Menschen einerseits zu Aggression und Tatkraft führt, andererseits auch in das Gegenteil umschlagen kann: Wenn es zwecklos erscheint, eine Veränderung erreichen zu können, resigniert der wütende Mensch und wird traurig.

Wenn Kindern Schmerz zugefügt wird, spüren sie ihre Wut oft gar nicht. Oder sie sind wütend und traurig zugleich. Je nach Veranlagung werden manche Menschen offenbar eher aggressiv und andere eher traurig. Auch Menschenaffen sind zu beidem in der Lage: Wut und Trauer.

Ein Verlust ist schmerzhaft und führt eher zu Trauer, während ein körperlich zugefügter Schmerz häufiger aggressiv macht. Aber ein

kleines Kind, das Schmerzen erleidet, kann sich nicht wehren. Wir wissen von Kindern, die im Krieg oder auf der Flucht ihre Eltern verlieren, dass sie in ihrer Entwicklung gestört werden, sie resignieren und werden apathisch. John Bowlby, der Begründer der Bindungstheorie, hat solche Schicksale ausführlich untersucht und gezeigt, wie wichtig sichere Bindungen für die Gesundheit und persönliche Entwicklung von Kindern sind. Das Gefühl, zu jemandem zu gehören, gesehen zu werden, ist für ihr Wohlergehen unerlässlich.

Wütende Kinder werden entsprechend beachtet und erhalten viel Aufmerksamkeit im negativen Sinn: Meist werden sie beschimpft und bestraft oder ausgeschlossen, obwohl sie eigentlich ein Alarm-signal aussenden, das meint: Hilf mir! Ich möchte anerkannt und geliebt werden!

Trauernde Kinder werden dagegen meist übersehen. Sie ärgern niemanden und fallen nicht aus dem Rahmen. Auch wenn sie nicht auf andere zugehen, verlangen sie nach Hilfe. Bedenkt man, dass Depression inzwischen eine Volkskrankheit ist und mehr Menschen Selbstmord begehen, als im Straßenverkehr getötet werden, soll-ten wir unsere Aufmerksamkeit für dieses Phänomen stärken.

Frustriert oder unglücklich?

Eltern und Erzieher müssen unterscheiden, wann ein Kind frustriert und wann es unglücklich ist. In beiden Fällen sieht man einen Zweijährigen, der wütend brüllt. Es macht aber einen Unterschied, ob ein Kind kein Eis bekommen oder sein liebstes Kuscheltier verlo-ren hat. Ob es nicht ins Bett gehen will oder tieftraurig ist, seit Pa-pa ausgezogen ist.

Wenn Kinder frustriert sind, müssen sie sich ausweinen. Mehr nicht. Tränen lindern den Schmerz und entgiften den Körper. Sie enthal-ten Endorphine wie Leuzin-Entephalin sowie die sogenannten Glückshormone ACTH und Prolaktin, das auch für den Milchfluss beim Stillen verantwortlich ist. Je mehr davon im Körper vorhan-den ist, desto größer die Neigung zum Weinen. Tränen sind also heilsam und wichtig. Auch für Jungen.

● ● ● ● ●

Weinen Kinder, weil sie unglücklich sind, brauchen sie zusätzliche Hilfe. Es hilft fast allen Kindern, wenn sie in den Arm genommen und gestreichelt werden. Später, wenn die Tränen versiegt sind, kann ein Gespräch beginnen: »Ich sehe, dass du sehr traurig bist...«

Frustrationstoleranz nennt man die Fähigkeit, eine Enttäuschung auszuhalten oder eine Befriedigung auf später aufzuschieben. Je jünger ein Kind ist, desto weniger frustrationstolerant ist es. Zeit kann es sich nicht vorstellen, es lebt ja selbst erst seit kurzem auf diesem Planeten. Ihm fehlt oft die Erfahrung, dass es Dinge lernen und bewirken kann, um sich Befriedigung zu verschaffen.

Kinder, die wenig Möglichkeit haben, ihr Potential zu entfalten, werden später Erwachsene, die häufig frustriert sind: Ein Haus im Grünen? Kann ich mir nicht leisten. Ein Partner, der zu mir hält? Ich schlag mich allein durchs Leben. Mein wunderbares Kind wird im Kindergarten von der Erzieherin kritisiert? Kann doch nicht sein! Sieht sie denn nicht, was ich sehe?

Wut hilft uns, unsere Vorstellungen und Träume zu verteidigen, für unsere eigene Wunschrealität zu kämpfen. Das setzt aber voraus, dass wir die Erfahrung gemacht haben, dass sich das lohnt. Dass wir Strategien erlernt haben, beharrlich zu sein und Ziele zu verfolgen.

WÜTENDE KINDER

Kaum etwas fordert Eltern so sehr wie die Wutausbrüche ihrer Kinder. Gleichzeitig sollen Kinder lernen, sich durchzusetzen und eigene Gefühle auszudrücken. Wann ist ihre Wut wichtig und richtig?

Warum Babys schreien

Beobachtet man Säuglinge in einer Gruppe, wird schnell deutlich, wie verschieden sie sind. Genauso unterschiedlich wie ihre Mütter, die ja Schwangerschaft und Geburt ganz individuell erlebt und ihre Persönlichkeit und Geschichte eingebracht haben.

Nach Kagan sind 40 Prozent aller Babys ruhig und ausgeglichen, 40 Prozent sensibel und 20 Prozent »hoch reaktiv«. Diese Kinder werden sehr leicht gereizt und beunruhigt und schreien entsprechend viel.

Eine Frage der Balance

Vermutlich leiten sich aus den unterschiedlichen Empfindsamkeiten spätere Charaktereigenschaften ab. In der ayurvedischen Gesundheitslehre spricht man von den Konstitutionstypen »pitta«, »vata« und »kapha«, wobei die Pitta-Typen schnell wütend werden. In Waldorfschulen unterscheidet man bis heute »Choleriker«, »Sanguiniker«, »Melancholiker« und »Phlegmatiker«, eine Typologie, die Hippokrates 400 vor Christus geprägt hat, der charakterliche Eigenschaften auf »Körpersäfte« zurückführte. Gemeinsam ist diesen Ansätzen die Annahme, dass man jeden Charakter positiv oder negativ beeinflussen und ihn so mehr oder weniger ins Gleichgewicht bringen kann.

Ein wütendes oder weinendes Baby befindet sich definitiv nicht im Gleichgewicht. Im Gegensatz zu früher, als man noch glaubte, Weinen stärke die Lungen und einen Kinderwagen mit schreiendem Säugling könne man außer Hörweite abstellen, wissen wir heute, dass Babys vor allem eins brauchen: Geborgenheit. Sie entsteht durch feinfühliges Verhalten der Eltern, die sofort reagieren, wenn das Kind sich unwohl fühlt. Eine sichere Bindung entsteht, wenn Eltern ihr Kind nicht nur zuverlässig füttern und wickeln, sondern es auch trösten, tragen und in ihren Armen wiegen, bis das Weinen aufgehört hat.

Beobachtungen bei Ureinwohnern anderer Kontinente haben gezeigt, dass es Kinder gibt, die selten weinen und im Säuglingsalter nie von ihren Eltern getrennt werden. Diese Kinder haben ein starkes Urvertrauen und beruhigen sich später schnell, wenn etwas nicht nach ihren Vorstellungen läuft. Intuitiv gehen sie davon aus, dass es immer Menschen gibt, die ihnen helfen.

Um schreiende Kleinkinder zu verstehen, ist es sinnvoll, sich auch mit dem Gegenteil zu beschäftigen, dem Wohlgefühl oder dem inneren Gleichgewicht. Menschen sind Gemeinschaftswesen. Zu kooperieren und anderen zu helfen ist eine auf der ganzen Welt anzutreffende, biologisch verankerte Grundmotivation: Der Urmensch war auf die Zusammenarbeit mit seiner Gruppe angewiesen. Zuverlässige Beziehungen, Akzeptanz und Zugehörigkeit waren überlebenswichtig und sorgen bis heute dafür, dass wir uns wohlfühlen.

»Das evolutionäre Erfolgsrezept des Menschen war weder Kraft noch Mordlust, sondern Intelligenz und Kooperation«, schreibt Joachim Bauer. Unser Gehirn hat nicht nur ein »Angstzentrum«, sondern auch eines für Harmonie und Glück. Hier werden Botenstoffe wie Oxytocin oder Dopamin ausgestoßen, die uns gute Gefühle verschaffen, wenn wir uns mit jemandem gut verstehen, erfolgreich zusammenarbeiten, harmonieren. Viele Mütter kennen diese Glücksgefühle aus der Phase kurz nach der Geburt, wenn sie das Baby anschauen, riechen, stillen und auf ihrer Haut spüren. Die mütterliche Zuwendung zum Kind wird »belohnt«. Einen Säugling herumzutragen, ihm alles zu geben, was es zum Heranwachsen benötigt, ist biologisch sinnvoll und natürlich.

Alle Säugetiere machen es instinktiv genauso. Nur: Unser Leben ist heute oft nicht mehr so natürlich. Vom Leben der Menschenaffen oder Ureinwohner haben wir uns meilenweit entfernt. Fast jeder ist heute von Lärm umgeben, der auf Dauer nachweislich krank machen kann. Viele Menschen trinken Alkohol in großen Mengen und rauchen. Unsere Luft ist nicht sauber, die Meere verdreckt, Kriege, Katastrophen und schreckliche Krankheiten sind durch die Medien in jedem Haushalt präsent. Stress und Hektik sind allgegenwärtig, Gifte werden immer wieder in Lebensmitteln gefunden, Skandale veröffentlicht. Nachrichten und Informationen beunruhigen uns. All diese Faktoren wirken auf Familien ein, beeinflussen das Zusammenleben und werden auch von den Kleinsten schon wahrgenommen. Über die Nabelschnur erreichen das Ungeborene nicht nur Giftstoffe in Nahrungsmitteln und der Stress des normalen Lebens, sondern auch alle Gefühle der Mutter. Es gibt Millionen Gründe, warum Babys weinen und wütend sind. Nicht alle haben unmittelbar mit den Eltern zu tun.

Schreibabys helfen

Eine der schlimmsten Erfahrungen, die junge Eltern machen, ist diese: Obwohl sie ihr Baby gewickelt, gestillt und herumgetragen haben, hört es nicht auf zu schreien. Kein Tierkind verhält sich so. Das wäre in der Wildnis viel zu gefährlich. Hat das Dauerweinen vielleicht mit unserer Zivilisation zu tun? Schreit ein Kind aus Wut oder aus Schmerz? Oder aus Wut über den Schmerz?

Die meisten denken zuerst an eine Krankheit und gehen zum Arzt. Das ist wichtig und notwendig. Aber es gibt Kinder, die weder an Koliken noch an anderen diagnostizierbaren körperlichen Beschwerden leiden und trotzdem stundenlang schreien. Man spricht von »Anpassungsschwierigkeiten« oder »Regulationsstörungen«. Schreibabys werden Kinder genannt, die über drei Wochen mehr als drei Stunden täglich schreien und das mindestens an drei Tagen in der Woche. Rund ein Viertel aller Kinder sollen Schreibabys sein. Niemand muss sich also schämen, wenn sein Baby viel weint. Allerdings sollten Eltern nicht lange warten und sich so schnell wie möglich professionelle Hilfe suchen.

Manche Säuglinge finden schwer in den Schlaf. Sie sind sehr müde, können aber nicht einschlafen – und schreien dann. Diesen Kindern kann man mit abgedunkelten Zimmern, ruhigem Herumtragen oder Halten in einem Schaukelstuhl helfen. Oft wechseln Eltern auch zu schnell die Beruhigungsmethoden, weil sie im Stress sind und sich extrem unsicher und hilflos fühlen. Dadurch kann das Baby noch überreizter werden. So schwer es auch ist: Mehr Ruhe bringt mehr Ruhe. Wenn man sich das Baby eng an den Körper bindet und eine Atmosphäre ähnlich dem Mutterleib herstellt, kann das helfen.

Mehr Ruhe bringt mehr Ruhe

Eine Gefahr liegt darin, dass man nach jedem misslungenen Beruhigungsversuch hektischer wird und weniger Zuversicht ausstrahlt. Das ist besonders schlimm, wenn Partner oder Großeltern ungefragt einander widersprechende Ratschläge geben. Wenn Babys viel weinen, brauchen Eltern unbedingt eine Pause. Rufen Sie Freunde, Paten oder Großeltern an. Die sollen mit dem Kind einen langen Spaziergang machen, am besten durch den Wald. Und in dieser Pause ruhen Sie sich aus – und erledigen nicht etwa den Abwasch!

In vielen Städten gibt es heute »Schreiambulanzen«, die jungen Eltern ihre Hilfe anbieten. Das ist auch unbedingt notwendig, denn ein brüllendes Baby gehört zu den ganz großen Herausforderungen. Ein Baby schreit mit bis zu 120 Dezibel – Arbeiter bekommen schon bei 85 Dezibel Gehörschutz! Es geht nicht nur um entsetzlichen Schlafmangel und totale Erschöpfung der Eltern, sondern auch um starke Gefühle von Wut und Verzweiflung: Man möchte dem Baby doch helfen – aber wie? Die Enttäuschung, nichts ändern zu können, ist überdimensional. Hinzu kommen Scham und Angst mancher Eltern: Was machen wir falsch? Mag das Baby uns nicht?

Auch wenn wir die Gründe des Unwohlseins nicht immer erfahren oder abstellen können, unterstützen kann jeder auf vielfältige Weise. Wie wichtig ist ein guter Start ins Leben! Freunde, Verwandte, Nachbarn sollten helfen, indem sie das Baby herumtragen oder für die Eltern putzen oder kochen und ihnen wenigstens eine kurze Pause gönnen. Leider haben nicht alle Babys so ein Netzwerk an Unterstützern.

PROBIER'S MAL MIT ...

Manche Babys, die nicht gestillt werden, haben eine Milcheiweißallergie. Stillende Mütter können versuchen, eine Zeit lang auf alle Milchprodukte und Säuren zu verzichten – und schauen, ob das Baby ruhiger wird.

Der sogenannte »Fliegergriff« ist eine besondere Art, das Baby zu tragen, die manchmal Wunder wirkt. Das Kind liegt dann auf dem Unterarm, sein Kopf wird in der Hand gehalten.

Osteopathen wollen oft ein sogenanntes KiSS-Syndrom behandeln. Das ist eine »Kopfgelenk-induzierte Symmetrie-Störung«. Manchen Babys konnte der Osteopath helfen, anderen nicht. Wenn Ärzte nicht mehr weiterwissen, können auch Hebammen mit ihrem umfangreichen Erfahrungswissen gute Tipps geben.

Was wirklich hilft, kann man letztendlich nur ausprobieren. Unter gewünschtestes- wunschkind.de finden Sie den sehr kompetenten und ausführlichen Artikel einer betroffenen Mutter »Schreibaby – wie man Babys, die exzessiv schreien, helfen und beruhigen kann«.

Jede Zärtlichkeit, jedes tröstende Wort, jedes gesungene Schlaflied ist eine sichere Investition in die Zukunft des Kindes. Jedes Baby wird irgendwann lächeln. Alle Liebkosungen und zuverlässigen Tröstungen sind in ihm auf wunderbare Weise gespeichert. Sie werden ihm lebenslang helfen, in schwierigen Situationen nicht aufzugeben und die vielen Wechselfälle des Lebens zu meistern. Nach einigen Monaten beruhigen sich alle Säuglinge – und alle Eltern sind um viele Erfahrungen reicher.

»Ich kann!«, »Ich will!« – die sogenannte Trotzphase

Irgendwann zwischen dem zweiten und dritten Lebensjahr benennt sich das Kind nicht mehr mit seinem Vornamen, sondern sagt »Ich!« und zeigt dabei auf sein Herz. Das ist ein wichtiger Entwicklungsschritt.

Das Kind erkennt sich selbst als eigenständigen Menschen mit der Möglichkeit, zu handeln und zu entscheiden. Es entdeckt das, was uns vom Tier unterscheidet: den freien Willen. Eine großartige Entdeckung! Kein Wunder also, dass der kleine Mensch nun anfängt zu experimentieren und zu erproben: Was kann ich? Was darf ich? Was passiert, wenn …

Was Eltern von Kindern im sogenannten Trotzalter oft zur Verzweiflung bringt, ist in der Tat eine bedeutende Schnittstelle für ihre Entwicklung: Die Frage »Was kann ich erreichen?« wird in diesem

Alter immer wieder neu beantwortet, was in Erfahrungen von Selbstvertrauen, Selbstwert und Selbstwirksamkeit ein Leben lang nachwirkt.

Die meisten Kinder sind froh, wenn sie im Alltag möglichst viel selbst entscheiden dürfen: offene Haare oder Zopf? Blauer Pullover oder gelber? Kartoffeln oder Reis? Maria Montessori war eine der Ersten, die Kindern Entscheidungen zutraute und an die Wirksamkeit des freien Experiments und selbstständigen Lernens glaubte. Ihr pädagogisches Motto »Hilf mir, es selbst zu tun« wird heute auch in einigen staatlichen Kindergärten und Schulen befolgt. Denn Selbstvertrauen entsteht durch die Erfahrung, etwas zu können.

Der einjährige Paul versucht, Bausteine übereinanderzustapeln. Seine ältere Schwester hat es ihm vorgemacht. Als es ihm nach vielen Versuchen gelingt, einen kleinen Turm zu bauen, klatscht die Große in die Hände und lächelt Paul zu: »Bravo! Geschafft!« Paul grinst über das ganze Gesicht. Er hat eine wichtige Erfahrung gemacht: Schaffe ich das? – Klar, ich schaffe das!

Die kleine Lotta möchte sich umziehen und kämpft damit, ihren Pullover über den Kopf zu ziehen. Jetzt bleibt sie stecken, gibt aber nicht auf, sondern zieht und zerrt und hält die unangenehme Situation festzustecken aus. Auch darum geht es beim Lernen: nicht gleich aufzugeben und Hemmschwellen zu überwinden. Schließlich hat Lotta es geschafft. Ihr Papa steht geduldig daneben: »Gut gemacht!«, strahlt er. Und Lotta strahlt zurück.

● ● ● ● ●

Kinder signalisieren ihren Eltern, was sie probieren wollen und was noch zu schwer ist. Hier sensibel zu reagieren und die Anforderungen weder zu hoch noch zu niedrig zu stellen, trägt dazu bei, Wutanfälle zu vermeiden. Jeder kleine Erfolg setzt eine positive Spirale in Gang: Ich versuche es, ich probiere es, immer wieder, ich schaffe es schließlich, ich kann das, ich übe weiter, ich lerne dazu, ich kann es besser – hurra! Der kleine Mensch macht die Erfahrung: Wenn ich etwas ausprobiere, schaffe ich es irgendwann, und das macht mich und meine Leute froh.

Selbstwert ist das Gefühl, wertvoll zu sein, unabhängig von dem, was ich kann und leiste. Es entsteht von Geburt an. Durch die zuverlässigen Reaktionen seiner Eltern auf seine Bedürfnisse erfährt das Baby: Ich bin liebenswert. Dieses Gefühl verankert sich im Laufe der Entwicklung immer stärker, wenn das Kind die Erfahrung macht, dass es Fehler machen darf, ja, dass Fehler notwendig sind, um weiter zu lernen.

Oskar hilft beim Kuchenbacken. Er will unbedingt das Eigelb vom Weiß trennen. »Das ist aber schwierig!«, erklärt seine Oma. Oskar versucht es trotzdem. Leider platzt das Eigelb auf und vermischt sich mit dem Weiß. »Super, daraus machen wir Rührei!«, erklärt ihm die Oma: »Und für den Kuchen probierst du es einfach noch mal.«

Der zweijährige Tim möchte seine Gummistiefel heute selber anziehen. Die Erzieherin steht neben ihm. Als er die Füße vertauscht und den linken Stiefel an den rechten Fuß schiebt, sagt sie nichts. Stolz steht Tim auf und will loslaufen. Da bemerkt er seine »Entenfüße«. »Falsch gemacht!«, erkennt Tim und setzt sich wieder hin. »Soll ich dir helfen?« – »Nein!« Obwohl alle anderen Kinder schon rausgerannt sind, bleibt die Erzieherin geduldig bei Tim. So spürt er, dass sein Fehler ganz normal ist und zum Lernen gehört.

Bjarne brüllt aus vollem Hals, weil er gerade erfahren hat, dass seine Mama ihm den Lastwagen aus dem Schaufenster nicht kaufen wird. Sie hockt sich neben ihn, legt eine Hand auf seine Schulter und sagt: »Ich verstehe, dass du wütend bist. Es ist schlimm, wenn man nicht bekommt, was man will.« Auf diese Weise erfährt Bjarne, dass seine Mama ihn liebhat, auch wenn er kein Spielzeug bekommt. Auch wenn er wütend ist.

Wut und Selbstwert

Viele Erfahrungen dieser Art sind wie ein Mosaik, das schließlich das fertige Bild ergibt: »Ich bin wertvoll!« Menschen, die sich wertvoll fühlen, geben bei Rückschlägen nicht gleich auf, sondern probieren es erneut auf andere Art. Menschen, die sich wertvoll fühlen, suchen sich Freunde und Partner, die ihnen guttun. Wenn andere sie kritisieren, reagieren sie nicht wütend oder beleidigt, sondern überprüfen sachlich, was stimmt und was nicht. Menschen, die sich wertvoll fühlen, reden sich selbst gut zu, akzeptieren Lob, auch von sich selber, ohne überheblich zu sein. Menschen, die sich wertvoll fühlen, können ihre Fähigkeiten einschätzen und blicken zuversichtlich in die Zukunft.

• • • • •

»Sprechen Sie ruhig von Ihrem Zorn, sogar Ihrer Bitterkeit. Die ewige Emotionsvermeidung, um die sich Eltern oft bemühen, ist ganz unnatürlich – und falsch ist sie auch.«

Wolfgang Bergmann

Selbstwert ist der zentrale Wert in unserem Leben und er wird in der Kindheit entscheidend geprägt. Sehr viele Dinge können wir allerdings nicht entscheiden, sie sind vorgegeben: die Öffnungszeiten der Kita, Papas Terminkalender, unsere derzeitigen finanziellen Möglichkeiten … Gerade deshalb ist es so wichtig, Kindern so viel Entscheidungs- und Experimentierfreiheit zu geben wie nur möglich.

Kinder werden wütend, wenn Erwachsene sie am Forschen und Ausprobieren hindern. Welches Kind rührt nicht gern ausdauernd mit einem Stock in der Pfütze herum oder läuft zwanzigmal eine schräge Ebene hinunter …

Auch wenn es länger dauert: Max kann schon Gemüse schneiden und Eva das Meerschwein misten oder Wäsche aufhängen. Respekt und Wertschätzung vor den Leistungen und Entscheidungen der Jüngsten geben ihnen ein gutes Gefühl. Negative Glaubenssätze wie »Du bist eben unsportlich« oder »Dafür bist du noch zu klein« wirken lange nach. Ein Mensch, der mit Abwertungen aufwächst, traut sich auch später im Leben wenig zu.

Selbstwirksamkeitserfahrungen macht ein Kind durch die vielen kleinen Rückmeldungen, die es täglich durch seine Umwelt erhält. Dann prägt es sich ein: Ich kann nicht alles, aber wenn ich übe, werde ich Schritt für Schritt besser. Wenn ich meine Kräfte gezielt einsetze, kann ich eine gewisse Kontrolle über mein Leben erreichen, kann in der Welt etwas bewirken.

Enttäuschung und Frustration gehören zum Lernprozess jedoch auch dazu, genauso wie Erfolg und Anerkennung: »Ich verstehe, dass du deinen roten Pullover willst, aber der ist in der Waschmaschine«, »Ich weiß, dass du gern Süßes isst, aber vor dem Essen gibt es nichts«, »Du sagst, dass du noch nicht müde bist. Trotzdem putzen wir jetzt die Zähne und lesen ein Buch vor.«

Wut im Krippen- und Kindergartenalter

Wenn ein Kleinkind heute in einer Krippe oder einem Kindergarten aufgenommen wird, kommen neue Herausforderungen auf die Eltern zu. Jetzt wird das Kind verglichen und wahrscheinlich auch beurteilt. Erziehung findet in keinem wertfreien Raum statt und wahrscheinlich wurden den Eltern bereits pädagogische Leitlinien in die Hand gedrückt.

In der öffentlichen Einrichtung ist das Kind nicht nur vielen neuen Viren und Bakterien ausgesetzt, es muss sich auch in hierarchischen Strukturen zurechtfinden: Andere sind stärker oder schwächer, können dies oder jenes besser, sind schneller oder langsamer, bestimmen oder geben nach. Gleichzeitig erfährt es die vielfältigen Möglichkeiten der Kooperation: Eine Sandburg lässt sich zu zweit viel schneller bauen, »Eisladen« kann man nur mit mehreren Kindern spielen und Laufrad fahren macht allein keinen Spaß.

Sobald ein Kind lernt, sich von den Eltern fortzubewegen, indem es krabbelt oder läuft, beginnt spätestens das Interesse an anderen Kindern und die Notwendigkeit, Erfahrungen zu sammeln.

Der acht Monate alte Leon robbt zu Marie und grinst sie an. Sie hat gerade ein interessantes Spielzeug in der Hand. Jetzt kann es vorkommen, dass Leon danach greift. Wer ist stärker? Wahrscheinlich wird der Schwächere von beiden jetzt wütend schreien. Und vielleicht zieht Marie dann an Leons langen Locken (oder umgekehrt), bis Leon ebenfalls brüllt. – In solchen Situationen, die in Kindergruppen mehrmals täglich, oft sogar stündlich vorkommen, fragen sich Erwachsene oft, wann sie eingreifen sollen.

Liebevolle Aufmerksamkeit

Zunächst mal gar nicht. Leon und Marie sammeln erste Erfahrungen, die absolut notwendig sind. Sinnvoll ist es, die Handlung zu kommentieren: »Leon hat dir den Ball weggenommen. Jetzt bist du wütend. Er wollte auch mit dem Ball spielen.« So lernen schon Kleinkinder, Gefühle zu bestimmen, und können sie später aussprechen.

Aletha Solter, die bekannte amerikanische Entwicklungspsychologin, betont, wie wichtig Weinen und Schreien für die Entlastung starker Gefühle ist: »Ähnlich wie beim Weinen sollten auch Wutanfälle weder unterbrochen oder bestraft noch ignoriert werden. Kinder brauchen liebevolle Aufmerksamkeit, wenn sie ihren Ärger lösen. Ermutigt man ein Kind zum Schreien und Toben, taucht es ruhig und glücklich ohne eine Spur von Ärger aus diesem Wutanfall auf …«

Wenn Leon aber stets der starke »Abgreifer« und Marie immer die zarte Unterlegene ist, muss die Situation ausgeglichen werden: »Leon, wenn du Marie etwas wegnimmst, ist sie wütend auf dich. Dann hat sie bestimmt keine Lust mehr, mit dir zu spielen. Du könntest ihr doch den Ball zurückgeben oder ihr etwas anderes anbieten. Dann freut sie sich wieder und spielt gern mit dir.«

Babys werden ausschließlich von eigenen Bedürfnissen geleitet. Wenn sie ein Spielzeug wegnehmen, ist das nicht »böse« gemeint, sondern lediglich ein Versuch, dem Verlangen nachzugeben, diesen Gegenstand zu untersuchen. Schon ganz kleine Kinder lernen eine Menge, wenn man ihnen erlaubt, ihre Konflikte selbst zu lösen. Wichtig ist, ihnen dabei zu helfen, die Gefühle des anderen zu verstehen. Wenn Eltern oder Erzieher nicht Partei ergreifen, sondern lediglich die Gefühle kommentieren, werden die Kinder bald spontan teilen und, wenn sie sprechen gelernt haben, sogar höflich fragen: »Darf ich das bitte haben?«

Joachim Bauer beschreibt, dass Kleinkinder sich gern gegenseitig helfen: »Unsere ›triebhaft‹ auf soziale Akzeptanz und gegenseitige Hilfeleistung ausgerichtete Neurobiologie ist der Grund, warum bereits Säuglinge im ersten Lebensjahr – und lange vor dem Spracherwerb – kooperative Strategien eindeutig favorisieren.« 14 bis 18 Monate alte Kleinkinder helfen anderen, die in Schwierigkeiten sind, sogar oft spontan. »Kleinkinder«, so fasst Michael Tomasello seine entsprechende Untersuchung zusammen, »sind natürlicherweise empathisch, hilfreich, großzügig und helfen anderen, indem sie Informationen geben.«

Kleinkinder sind kooperativ

Wenn die zarte Marie stets unterlegen ist, sagt die Erzieherin vielleicht: »Recht hast du! Ich verstehe, dass du jetzt schreist. Jeder wäre sauer, wenn man ihm einfach etwas wegnimmt! Zeig ihm ruhig, dass dich das ärgert!« – Wenn Leon nicht so schnell aufgibt und anderen immer wieder etwas wegnimmt, muss man ihn bremsen: »So geht das nicht, Leon. Alle möchten hier spielen. Nicht einfach wegnehmen!« Auch ein klares Nein ist manchmal angebracht.

Hat Leon dann immer noch nicht begriffen, muss man seine Hand festhalten oder ihn wegtragen. Das wird aber selten notwendig sein. Denn auch wenn Marie zart ist, kann sie lernen, erfolgreiche Strategien für die Spielzeug-wegnehm-Situation zu entwickeln. Wütendes Geschrei ist eine davon. Nicht zu tolerieren ist, wenn ein Kleinkind mit einem Gegenstand auf ein anderes Kind einschlägt, denn die Regel »Wir tun einander nicht weh!« gilt von klein auf.

Trotzdem möchte ich noch einmal betonen, dass Kinder kooperieren wollen und von Natur aus weder aggressiv noch böse sind. Das gegenseitige Wegnehmen von Spielzeug ist bei Kindern, die noch nicht sprechen können, ein ganz normales Spiel.

Auch wenn diese Kleinen noch nicht sprechen können: Zuhören und verstehen können sie ganz genau. Wenn man von einem dreijährigen Kind erwartet, dass es klar sagen kann, was es möchte und was nicht, muss man in den Jahren davor immer wieder mit einfachen und klaren Worten darüber gesprochen haben.

Zeitdruck macht wütend

Ein anderes Konfliktthema ist der Umgang mit Zeit. Eltern haben Pflichten und Termine, Kinder folgen ihren eigenen Bedürfnissen. Das sind meistens solche, die Eltern gut kennen, weil sie selbst erst lernen mussten, diese einzuschränken oder ganz aufzugeben: Spielen, Trödeln, Träumen, Aufstehen und Zubettgehen – ohne an lästige Pflichten denken zu müssen. Das alles wünschen sich Eltern auch. Gleichzeitig läuft ihr Alltag wie ein Getriebe mit Zahnrädern aus Verantwortung, Anforderungen und Zeitplänen.

Konflikte, die zwischen Kindern ausgetragen werden, können auch zu Verletzungen zwischen Erwachsenen führen. Hier hilft es, sich über die eigenen Gefühle klarzuwerden und sie im Gespräch mit Eltern und Erzieherinnen transparent zu machen. In den seltensten Fällen kann man solche Auseinandersetzungen sinnvoll auf dem Spielplatz führen.

Wie verhalten Sie sich bei den Konflikten Ihres Kindes? Welche Erfahrungen und Werte hängen damit zusammen? Waren Sie selbst mal in der Opferrolle? Oder sind Sie der Meinung, dass ein Kind in der Lage sein muss, sich durchzusetzen? Halten Sie Durchboxen um jeden Preis für notwendig?

Jeder Konflikt des Kindes berührt hochsensible Themen, die deutlich machen, wie sehr die eigene Kindheit und Lebenserfahrung in solchen Momenten spürbar wird. Versuchen Sie zu vereinbaren, wie in häufig wiederkehrenden Konflikten vorgegangen wird. In öffentlichen Einrichtungen wie Krippe und Kindergarten werden die Erzieherinnen allerdings vorgeben, wie sie handeln, und das auf Elternabenden begründen und ansprechen. Hier sind sie die Experten und tragen auch die Verantwortung. Das müssen die Eltern akzeptieren oder die Einrichtung wechseln.

Wutanfälle passen da nicht rein. Sie sind Störfaktoren, die zusätzlichen Stress verursachen. Dieser Konflikt lässt sich nicht aus der Welt schaffen. Weil Eltern mit Vernunft und Verantwortungsbewusstsein ausgestattet sind, sind sie es, die Kompromisse eingehen und möglichst effektive Wege finden müssen, Konflikte zu entschärfen. Hierzu gehören vor allem die Mittel sinnvoller Kommunikation, der Entspannung und des Humors (siehe S. 93–127).

Ein kleiner Trost für schwierige und oft unlösbare Situationen: Jedes Mal, wenn Sie es schaffen, einen Konflikt ohne verletzende Bemerkungen, lautes »Zutexten« oder erniedrigende Handlungen wie wütendes Festhalten oder Schütteln zu überstehen, haben Sie einen Baustein für zukünftige konstruktive Konfliktlösung gelegt. Das heißt: Die Konflikte werden abnehmen und langfristig leichter in Kompromisse zu verwandeln sein.

»Es war einmal …«

Mit nicht ganz zwei Jahren macht Larissa jeden Abend beim Zähneputzen ein großes Theater. Sie schreit und wehrt ihre Mutter mit den Händen ab, bis diese richtig wütend wird. Besonders dann, wenn sie sich abends noch etwas Bestimmtes vorgenommen hat und in Zeitdruck ist. Das Ganze endet meist mit Riesengeschrei von beiden Seiten und ungeputzten Zähnen. Eines Tages beschließt Larissas Mutter, es einmal ganz anders zu versuchen. Anstatt vom Zähneputzen zu reden, beginnt sie im Bad mit einer Geschichte: »Es war einmal ein kleines weißes Kaninchen. Das hatte wunderschöne Zähne. Eigentlich waren es die schönsten Zähne der Welt. Alle wollten sie anschauen …« Sobald sie bemerkt, dass die Tochter aufmerksam zuhört, nimmt die Mutter die Zahnbürste und führt sie in Richtung Mund. Während Larissa ihn automatisch öffnet, erzählt die Mutter weiter. »›Woher hast du denn diese schönen Zähne?‹, will Hasi wissen … ›Ich habe da so ein Zaubermittel.‹ …«

Mit den einfachen Geschichten, in denen eine Lieblingsfigur des Kindes vorkommt und dann ein gewünschtes Ziel verpackt wird, lässt sich fast jedes Kind zur Kooperation bewegen. Hilfreich ist auch, Probleme des Kindes in Geschichten einzubauen: »Einst lebte ein Teddybär, der bekam jeden Abend schreckliche Wut, weil seine Eltern etwas anderes wollten als er selbst …« So fühlt sich das Kind verstanden und respektiert, was die Grundlage jeder gemeinsamen Problemlösung ist. Oder würden Sie auf jemanden zugehen, der Sie unterwerfen und demütigen will?

Prinzipiell sollte man Babys und Kleinkinder, die noch nicht sprechen können, bei Wutanfällen einfach durch seine Anwesenheit als Erwachsener begleiten und halten – falls das möglich ist und das Kind es wünscht. Droht man allerdings selbst die Nerven zu verlieren, ist es ratsam, sich zumindest für kurze Zeit »auszuklinken«. Manchmal reicht ein Blick aus dem Fenster, oder man verschwindet eine Weile auf der Toilette. Wenn die Wogen dann geglättet sind, kann man in Ruhe darüber reden und eine andere Vorgehensweise vereinbaren.

Im Kindergartenalter entwickelt sich der Wortschatz bei jedem Kind täglich weiter. Dabei spielen Eltern und Erzieher als Vorbilder eine zentrale Rolle. Wem es gelingt, seine Wut zu »versprachlichen«, der muss nicht ausfällig werden. Sprache ist der Schlüssel zu einem kompetenten Umgang mit Wut.

Gefühle transparent machen

Die eigenen Gefühle müssen transparent werden, manchmal ist es notwendig, dabei auch laut zu werden. »Jetzt bin ich wirklich wütend, Mathis! Ich weiß gerade nicht mehr weiter!« Kein Kind nimmt seinen Eltern ehrliche Gefühlsausbrüche übel. Eine Abwertung des Kindes oder verletzende Kritik wie »Was bist du für ein böses Kind?!« oder »Was soll das dumme Theater?« führen zu keinem freundlichen Miteinander.

Konflikte sind normal, denn Menschen haben unterschiedliche Bedürfnisse. Das Aufeinanderprallen der verschiedenen Interessen bedeutet Nähe. Kinder brauchen Zeit, wenn sie etwas tun sollen, wozu sie gerade keine Lust haben. Sie brauchen Zeit, damit sie freiwillig ja sagen können. »Kinder sind so sehr auf Kooperation mit den Eltern eingestellt«, schreibt Jesper Juul, »dass sie es als Misstrauen und Kränkung empfinden, wenn Eltern sie zur Zusammenarbeit zwingen ... Wenn also die Eltern den Kindern Zeit lassen können, lassen sich viele sinnlose und kraftraubende Konflikte vermeiden. Benutzen sie dagegen die Zeit als Trick, um ihren Willen durchzusetzen, dann funktioniert es nicht. Kinder sind in diesem Punkt genau wie Erwachsene: wir wollen, wenn irgend möglich, gern kooperieren, aber wir haben es nicht gern, wenn wir durch Manipulation dazu gebracht werden.«

● ● ● ● ●

Emil und Dorian wollen nach dem Kindergarten mit Emils Briobahn spielen. Als Emils Papa auftaucht, rennen die beiden erfreut zu ihm und verkünden ihren Plan. Der Papa sagt: »Das geht leider nicht, Emil. Wir haben heute einen Zahnarzttermin.« Emil schmeißt sich auf den Boden und brüllt wie am Spieß. Dorian schaut enttäuscht zu. Jetzt gibt es verschiedene Möglichkeiten zu reagieren …

Der Vater sagt: »Jetzt stell dich nicht so an. Wir haben lange auf den Termin gewartet. Das muss nun mal sein. Komm schon!« Oder: »Ich verstehe, dass du jetzt traurig bist. Das muss schrecklich für dich sein. Aber leider müssen wir zum Zahnarzt. Du, ich hab eine Idee! Wir zwei telefonieren heute Abend mit Dorians Mama und dann könnt ihr euch verabreden. Einverstanden?«

Freundliche Worte helfen nicht immer über Wut hinweg. Sie hinterlassen aber ganz sicher ein positives Gefühl, das dauerhaft nachwirkt: »Papa versteht mich und will mir helfen.«

Die Mutter von Emma hat ein großes Problem: Jedes Mal, wenn sie ihre Tochter aus der Kita abholen will, fängt Emma an zu schreien: »Ich will noch hierbleiben!« Je mehr die Mutter auf sie einredet, desto lauter brüllt Emma. Das ist sehr peinlich. Mag Emma ihre Mutter etwa nicht? Ist es bei denen zu Hause so schrecklich? Was für eine Blamage! Die Mutter könnte jetzt die Nerven verlieren und wütend werden, stattdessen sucht sie das Gespräch mit der Erzieherin. Diese beschreibt, wie fröhlich und intensiv Emma den ganzen Vormittag gespielt hat. Wenn ihre Mutter sie gegen 15 Uhr abholt, ist sie erschöpft. Vor einem halben Jahr hat sie um diese Zeit noch Mittagsschlaf gemacht.

Häufig beziehen Eltern die Wut ihrer Kinder auf sich selbst und fühlen sich entsprechend schlecht. Sobald man realisiert, dass der Ausbruch nichts mit mangelnder Liebe zu tun hat, sondern mit der aktuellen Konstitution des Kindes, reagiert man viel verständnisvoller und gelassener.

Emmas Mutter nimmt ihre Tochter einfach in den Arm und sagt: »Mein liebes Kind! Hast du den ganzen Tag gespielt und getobt?« Das Wort »müde« nimmt sie erst gar nicht in den Mund. Sie weiß, dass Emma dann heftig protestieren würde.

Wut in der Familie

Wut auf Geschwister

Manche Einzelkinder wünschen sich Geschwister, ohne zu wissen, was auf sie zukommt. Die Liebe der Eltern teilen zu müssen, ist nicht einfach. Arbeitet ein Elternteil besonders viel, was ja meistens der Fall ist, lässt sich die Zuwendung nur halbieren. Aber Kinder mit Geschwistern gewinnen auch eine ganze Menge: Sie haben immer einen Spielpartner im Haus, sie können sich gegen die

Eltern verbünden und es fällt ihnen leichter, ihre sozialen Kompetenzen zu erweitern. Von den Menschen, die wir nicht freiwillig ausgewählt haben, sind Geschwister meist diejenigen, mit denen wir am längsten verbunden bleiben.

Geschwister streiten und das ist normal. Für die Eltern ist es allerdings oft schwer zu ertragen. Wut unter Geschwistern entsteht oft aus Eifersucht. Es gibt wohl kaum einen Menschen, der eine intensive Liebesbeziehung, wie sie zwischen Mutter und Kind entsteht, gerne teilen möchte. Deshalb geht es bei Geschwisterkindern immer wieder um dasselbe Thema: Wie kann ich die Aufmerksamkeit und Liebe von Mama oder Papa auf mich lenken?

Hierzu lassen sich kleine Menschen eine Menge einfallen: Genießt ein Kind bereits den Status, besonders klug zu sein, muss das andere mit etwas anderem auftrumpfen: Es probiert zum Beispiel, besonders sportlich oder besonders witzig zu sein. Aber nicht immer erkennen Eltern diese Rolle an. Wozu soll ein Clown in der Familie auch gut sein? Durch den Altersunterschied ist es jedoch unvermeidbar, dass das ältere Kind stets mehr kann. Haben beide Kinder auch noch das gleiche Geschlecht, fallen Abgrenzung und das Begehren von Aufmerksamkeit noch intensiver aus. In solchen Konstellationen können Eltern Wutanfälle eindämmen, indem sie die besonderen Qualitäten und Fähigkeiten eines jeden betonen und sich Zeit nehmen, mit jedem Kind auch einzeln etwas zu unternehmen. Sensationelle Ausflüge sind damit nicht gemeint, sondern ein achtsamer Umgang und ein stetiges gegenseitiges Kennenlernen und Weiterentwickeln einer authentischen Beziehung.

Ob Geschwister harmonieren oder nicht, hat nicht nur mit dem Verhalten der Eltern zu tun. Tatsächlich gibt es so etwas wie »Wahlverwandtschaften« oder »Seelengefährten« – und darauf haben Eltern keinen Einfluss. Nicht immer kreisen Wutanfällen um die Frage: »Wer ist Mamas Liebling?« Zum Beispiel, wenn kleinere Kinder die größeren stören, indem sie unabsichtlich etwas zerstören, was mühsam aufgebaut wurde, oder Dinge beschädigen, die ihnen nicht gehören. Oder die Konflikte ergeben sich daraus, dass unterschiedliche Bedürfnisse da sind: Ein Kind mag laut sein, das andere will lesen oder eine CD hören. Ein Kind möchte unbedingt spielen, das andere will in Ruhe gelassen werden.

Wenn Geschwister streiten, können sie den Konflikt in der Regel allein lösen. Erst wenn ein Kind immer der Verlierer ist (das muss keineswegs immer das jüngere sein), ist es sinnvoll einzugreifen. Dabei ist es immer sinnvoll, Gefühle anzusprechen, sie überhaupt zu benennen: »Wie hast du dich da gefühlt?«, »Warum warst du so wütend?«, »Was hast du dir in diesem Moment gewünscht?« sind Fragen, die oft zum Kern des Problems führen.

Ben hat seiner kleinen Schwester gegen das Schienbein getreten, weil sie seinen mühsam errichteten Turm kaputt gemacht hat. Jetzt brüllen beide vor Wut. Die Mutter reagiert: »O je! Hier ist ein Unglück passiert!« – Eine wütende Bewertung wie: »Warum tust du ihr immer weh?!« oder »Warum haut ihr euch ständig?« wäre nicht angemessen, zumal durch Verallgemeinerungen wie »immer« und »ständig« Verhaltensweisen festgeschrieben werden.

Im Folgenden können beide Kinder nacheinander erklären, welches Verhalten welche Gefühle ausgelöst hat. Wenn sie dabei prinzipiell auf Verständnis stoßen, werden sie gar nicht erst anfangen zu lügen oder zu versuchen, sich ins rechte Licht zu rücken. Wenn Mama oder Papa unparteiisch bleiben und Konflikte als normal betrachten, lernen Geschwister, dass sie Fehler machen dürfen, und kommen leichter zu einer freiwilligen Entschuldigung.

Nie darf ein Kind für seine Gefühle bestraft werden. Wer sich mit seinen Emotionen angenommen fühlt und keine Strafe befürchten muss, wird nicht heucheln und sich nicht verbiegen. Auch die Wut wird gedämpft. Wütend wird schließlich nur, wer sich nicht angenommen und respektiert, sondern bedroht fühlt. Gemeinsame Rituale helfen, ein Familienklima der gegenseitigen Annahme zu entwickeln (siehe S. 109–117).

Gefühle dürfen niemals bestraft werden

Eltern helfen Geschwistern auch, wenn sie zur Sprache bringen, was Kinder noch nicht ausdrücken können: »Ich glaube, Lena ist traurig, weil sie auch gern zur Schule gehen will. Aber sie muss noch zwei Jahre warten.« Oder: »Ich hab den Eindruck, Luis wollte mit dir spielen. Aber er ist eben noch klein. Er hat das bestimmt nicht absichtlich kaputtgemacht, oder?«

Wenn die Eltern sich trennen

Nichts macht Menschen so wütend wie Auseinandersetzungen mit denen, die wir lieben oder geliebt haben. Es ist kein Zufall, dass die meisten Verbrechen im Kreis der Familie geschehen, denn die Wut auf Partner kann rasend machen.

Bevor Eltern sich trennen, geht meist eine Phase der Streitigkeiten und heftiger Auseinandersetzungen voraus. Kinder leiden extrem darunter. Die Beteuerungen der Eltern, dass ihr Streit nichts mit ihnen zu tun hätte, helfen wenig, denn Kinder fühlen sich immer betroffen und oft auch schuldig. Dann erinnern sie sich an Situationen, in denen die Eltern wütend auf sie waren. Die Auseinandersetzungen vor den Kindern zu verheimlichen, ist unmöglich. Sie spüren die Spannungen, auch wenn keine Worte fallen oder es nicht laut wird.

> **Eltern können nicht immer Vorbilder sein**

Eltern sind nicht immer in der Lage, Vorbilder zu sein. Dies offen zu bekennen ist nach meinen Erfahrungen besser, als so zu tun, als wäre alles wie immer. Manchmal gelingt es Paartherapeuten, eine Beziehung zu retten oder zumindest sinnvolle Regeln für die Trennung zu erarbeiten. Das setzt jedoch voraus, dass beide dazu bereit sind, einen Versuch zu wagen.

Oft glaubt der Partner, der die Trennung initiiert, aber, man werde es schon »irgendwie hinkriegen« und alles vernünftig regeln können. Eine Zeitlang fühlt sich dieser Partner meist gut, weil er sich von der Trennung eine Verbesserung seiner Situation erhofft, wäh-

● ● ● ● ●

»Eltern können ganz ungezwungen reden, auch wenn Kinder dabei sind. Da besteht keine Gefahr. Ich glaube nicht, dass Kinder Schaden erleiden, wenn sie zuhören, wie zivilisierte Eltern denken.«

Jesper Juul

rend sich der andere Partner zutiefst verletzt fühlt. Und unschuldig. Obwohl er mit dazu beigetragen hat, dass die Situation eskalierte.

Die vielen kleinen und großen Probleme, die Trennung und Scheidung mit sich bringen, kann man anfangs gar nicht überblicken. Kinder leiden immer unter der Trennung ihrer Eltern – selbst wenn sie schon erwachsen sind. Weihnachten und andere Familienfeiern werden nie mehr so, wie man sie sich einst gewünscht hat.

Trotzdem ist Zusammenbleiben um jeden Preis keine Alternative. Eltern müssen wissen, dass Kinder immer auch den »schlechten« Partner lieben. Schließlich sind sie ein Teil von ihm. Deshalb tut es Kindern weh, wenn Partner abfällig übereinander reden. Noch schlimmer ist es, wenn Eltern versuchen, Kinder auf ihre Seite zu ziehen. Das fühlt sich an, als würden sie zerrissen. Selbst wenn ein Elternteil weg ist, wird die Sehnsucht nach ihm nicht aufhören und sich in Verhaltensweisen zeigen, die Erwachsene nicht verstehen.

Ich erinnere mich an Ella, die im ersten Schuljahr nicht lernen wollte und konnte. Ihre Mutter war weggezogen, als Ella zwei Jahre alt war, und nie wieder aufgetaucht. Obwohl sich ihr Papa und andere Verwandte um einen normalen Alltag bemühten, war Ella, solange ich sie beobachten konnte, ein auffälliges Kind, das überall Ärger auslöste und bald als Schulversagerin galt. Leider war niemand in ihrer Familie zu einer Therapie bereit.

Andere Probleme entstehen, wenn Eltern sich neue Partner suchen und Patchworkfamilien gründen. Bei den Kindern löst das oft Wut aus, denn in den seltensten Fällen wollen sie eine »neue Mutter« oder einen »neuen Vater«. Es kann aber viel Gutes entstehen, wenn die neuen Partner sensibel sind und wissen, dass die leiblichen Eltern stets präsent bleiben werden.

Wut ist ein Motor, der Veränderungen antreiben und soziales Lernen begünstigen kann. So kann jede Trennung zu einer wichtigen Lebenserfahrung werden, an der letztendlich alle wachsen. Wut bringt uns weiter als zwanghafte Harmonie. Erinnern wir uns an das Feuer: Es kann tödlich sein, wärmt uns aber auch.

Adoptiv- und Pflegekinder

Wer ein Kind in seine Familie integriert, steht vor besonderen Herausforderungen. Der Verlauf seiner Schwangerschaft und seiner ersten Lebensjahre sind oft völlig unbekannt. Alkoholeinfluss, Mangelernährung, Misshandlung – all das kann dem Kind widerfahren sein. Selbst wenn man davon weiß, sind viele Pflegeeltern hilflos und alleingelassen mit den Folgen. Misshandelte Kinder wirken meistens zunächst besonders anhänglich, werden aber aus nichtigem Anlass plötzlich extrem wütend und aggressiv, oft auch gegen sich selbst.

Bekannt ist, dass Aggressionen »verschoben« werden können. Die Verschiebung betrifft das Objekt oder den Zeitpunkt der Aggression: Ein Kind, das schreckliche Erfahrungen gemacht hat, wird zu einem viel späteren Zeitpunkt wütend und richtet seine Aggression dann gegen eine x-beliebige Person, weil der eigentliche Aggressionsauslöser nicht mehr vorhanden oder »vergessen« ist bzw. verdrängt wurde. Aus solchen Verschiebungen hat man lange den Schluss gezogen, Aggressionen seien triebhaft im Menschen angelegt, es gäbe eine Lust an Gewalt. Bereits in den 1930er Jahren haben John Dollard und Neal Miller die Verschiebung der Aggression bei Tieren nachgewiesen. Heute hat wohl jeder schon mal von misshandelten Hunden oder Pferden gehört, die andere angreifen. Aber auch Beobachtungen von Menschen zeigen, dass Ausgestoßene und Gequälte später unbeteiligte Dritte malträtieren. Wir tragen in uns ein Schmerz- und Aggressionsgedächtnis. Wenn zahlreiche Ärgernisse darin eingespeichert sind und es keine Möglichkeit gibt, diese Erfahrungen aufzuarbeiten, bricht die gesammelte Wut irgendwann mit ungeheurer Wucht heraus.

Schmerzen prägen sich ein

»Wenn Bindungen nicht ausreichend verfügbar oder bedroht sind, wenn wenig oder keine Anerkennung erlebt wird oder wenn soziale Ausgrenzung und Demütigung erlebt werden, dann kommt die Schmerzgrenze ins Spiel«, schreibt Joachim Bauer in seinem Buch *Schmerzgrenze*: »Da Bindungen für Kinder und Jugendliche lebenswichtig sind, stellt das Aggressionssystem ein Alarm- und Hilfssystem im Dienst der Sicherung oder Wiedererlangung von Bindungen dar.«

Traumata therapeutisch zu bearbeiten, ist ein langer Weg, aber er lohnt sich. Immer wieder Geduld zu üben und die Wut des Kindes nicht persönlich zu nehmen, ist eine Meisterleistung, für die gerade Pflegeeltern viel Anerkennung verdienen.

Wut in der Schule

Jakob ist das älteste von drei Geschwistern. Seine Mutter und auch seine Erzieherin beschreiben ihn als aufgewecktes, sehr ausgeglichenes, neugieriges und lernwilliges Kind. Im August wurde er eingeschult. Als ich seine Mutter im September treffe, erzählt sie: »Seit er in der Schule ist, flippt er ständig aus. Schon die kleinste Kleinigkeit bewirkt einen Wutanfall. So kenne ich ihn gar nicht. Dabei hat er gar keine Lernprobleme!«

So wie Jakob geht es vielen Erstklässlern. Die Schule konfrontiert jedes Kind mit enormen Herausforderungen: Aus der vertrauten Kindergartengruppe kommen sie jetzt in eine Klasse mit bis zu dreißig Mitschülern. Selbst wenn mehrere Gefährten aus der Kita mit dabei sind, gilt es jetzt, sich in einer größeren Gruppe zu behaupten und durchzusetzen. Es geht darum, die Aufmerksamkeit und Anerkennung der Lehrerin zu bekommen. Jeder muss sich der Disziplin beugen, stillsitzen und minutenlang zuhören – um dann zu tun, was die Lehrerin sagt. Und nicht, wozu man gerade Lust hat! Dazu kommen die Pausen, die nicht immer erholsam sind. Wenn niemand mit Jakob spielen will, ein Kind ihn bedroht oder ein heftiger Streit ausbricht, steht er unter Stress. Wer das tagtäglich durchhalten muss, der kann nachmittags schwer gelassen

● ● ● ● ●

sein und wird schnell wütend. Eltern geht es nach einem anstrengenden Arbeitstag oft genauso. Anders als Kinder haben sie aber jahrelange Übung darin, mit Stress umzugehen.

Lotta lebt mit einer älteren Schwester bei ihrer Mutter. Ihren leiblichen Vater kennt sie nicht. Der Lebensgefährte der Mutter kümmert sich rührend um Lotta, ihre Mutter hat einen eher forschen Erziehungsstil. Im ersten Schuljahr fällt Lotta dadurch auf, dass sie wenig motiviert ist und deutlich zeigt, dass sie die Lehrerin nicht mag und Schule blöd findet. Aufgrund häufiger Leistungsverweigerung muss sie die erste Klasse wiederholen. Nach der Schule besucht Lotta einen Hort, in dem sie bald auffällt, weil sie andere Kinder beschimpft und schlägt. Lotta wird aus dem Hort genommen und in einer anderen Einrichtung untergebracht. Hier ist sie zunächst unauffällig.

Eltern haben heute oft wenig Zeit und vermeiden daher langwierige, manchmal zermürbende Auseinandersetzungen mit Lehrern und Erziehern. Der Wechsel der Institution scheint da der einfachere Weg – ungeachtet der Bindungen, die dadurch zerrissen werden.

Als Lottas Mutter und ihr Lebensgefährte sich trennen, wird Lotta in der Schule erneut auffällig. Jetzt zeigt sich ihre ganze innere Wut. Mit gröbsten Ausdrücken beschimpft sie ihre Lehrerin, stört den Unterricht und greift andere Kinder scheinbar grundlos an. Nachdem in vielen Gesprächen versucht wurde, Lottas Wut als Hilfeschrei zu deuten, beschließt die Mutter mit ihrem inzwischen neuen Lebensgefährten, Lotta in einer anderen Schule unterzubringen.

Lisa ist ein stilles Mädchen, das selten lacht. Im Unterricht arbeitet sie meist fleißig mit, macht aber auffällig viele Flüchtigkeitsfehler in Mathe und Deutsch. Obwohl sie die Aufgaben versteht und auch selbstständig bearbeiten kann, macht sie immer wieder etwas falsch. Lisas Mutter lebt allein mit Lisa in sehr bescheidenen Verhältnissen. Sie wirkt ernst und verbittert. Lisas großer Bruder wohnt beim Vater in einer anderen Stadt. Wenn er zu Besuch bei der Mutter war, erzählt Lisa mit Stolz von ihrem Bruder und auch, wie traurig sie über seine Abreise ist.

Lisa wirkt, als würde sie ihrer Mutter Last abnehmen wollen. Hinter ihrer Traurigkeit steckt vermutlich eine große Wut über die Lebensverhältnisse. Von vielen Aktivitäten wie Reisen oder Besuch kultureller Veranstaltungen, Zoo, Zirkus und Museum – von denen andere Kinder der Lehrerin erzählen – ist sie ausgeschlossen.

Anton ist Einzelkind und lebt bei seinen Eltern. Er ist ein sehr guter Fußballspieler und auch in der Schule zeigt er von Anfang an gute Leistungen in allen Fächern. Allerdings ist er bei seiner Lehrerin unbeliebt, weil er sich nicht beherrschen kann. Im Matheunterricht ruft er ständig die Ergebnisse in die Klasse, sodass andere Kinder erst gar nicht anfangen nachzudenken. Im Deutschunterricht beschwert er sich lautstark, dass er nicht drangenommen wird. Bei

Rollenspielen besteht er auf der Hauptrolle. Dass da noch 24 andere Kinder sind, interessiert ihn nicht. Anton ist häufig beleidigt und will immer im Mittelpunkt stehen und in seinen guten Leistungen bestätigt werden. Wenn die Lehrerin ihn ermahnt, wird er richtig wütend und fühlt sich zurückgesetzt.

In einem Gespräch mit Antons Mutter wird deutlich, dass auch Anton unter der Situation leidet. Die Mutter verspricht, darauf zu achten, dass er auch zu Hause nicht dazwischenspricht und für jedes geduldige Verhalten gelobt wird. Er muss lernen abzuwarten Bisher hatte sie ihre Wertschätzung vor allem auf seine Leistungen beschränkt. Die Lehrerin nimmt sich bewusst vor, Anton täglich mindestens einmal zu loben, indem sie sagt: »Ich weiß, wie schwer dir das fällt, aber in dieser Stunde hast du es geschafft, nicht dazwischenzurufen. Das ist toll!«

»Es ist leider bezeichnend für unsere gegenwärtige Gesellschaft«, schreibt Jesper Juul in *Wie Eltern und Kinder sich finden*, »dass wir Kinder psychologisch untersuchen und zwangstherapieren lassen, während wir Erwachsenen eine längere Krankschreibung oder Beurlaubung nahelegen oder irgendetwas anderes, womit sie sich einmal etwas Gutes tun können.«

Alle Fallbeispiele verdeutlichen, dass Wut unterschiedlichste Ursachen haben und sich verschieden äußern kann, auch als Depression. Kinder, die in der Schule durch ihre Wut auffallen, benötigen dringend Hilfe. Sie sind jetzt in einem Alter, in dem sich Verhaltensweisen immer mehr verfestigen. Ihnen droht, abgestempelt zu werden als »die Dumme« oder »der Brutale«. Als Erstes steht ein ausführliches Gespräch mit der Lehrerin an. Über ihre Aussagen sollte man in Ruhe nachdenken und sie auch mit anderen Personen, die das Kind kennen, besprechen.

Die Wut aussprechen

Für Eltern, deren Kinder oft wütend aus der Schule kommen, empfiehlt es sich zunächst einmal, nur zuzuhören. Als Erwachsene neigen wir dazu, schnell einzugreifen und zu erklären, was richtig und was falsch ist. So bremsen wir den Redefluss der Kinder und ihre Bereitschaft, sich mitzuteilen und selbst zu reflektieren. Gerade stille Kinder behalten dann ihre Enttäuschung und Wut lieber für sich. Wenn Eltern und Kinder sich erst am Abend wiedersehen, sind Wut und Ärger meist schon oberflächlich vergessen. Wenn wir uns vor dem Schlafengehen zu dem Kind ans Bett setzen oder ein »Wie-war-dein-Tag-Ritual?« einführen, kann das Problem noch einmal in Ruhe angeschaut werden. Passives Zuhören bedeutet, sich jeden Kommentars zu enthalten und stattdessen kleine, nichtssagende Bemerkungen zu machen. Ein »Aha« oder »Hmm« hilft dem Kind, weiterzusprechen, weil es sich mit seinem Problem angenommen fühlt. Oft findet es auf diese Weise selbst zu einer Lösung oder zu einem selbstkritischen Kommentar.

Immer Ärger mit den Hausaufgaben

Hausaufgaben sind ein kleiner Teil der Verantwortung, den ein Kind Schritt für Schritt für sich selbst übernehmen muss. Sie sind eine Sache zwischen Schüler und Lehrer. Eltern sollten sich nur darum kümmern, wenn sie eine entsprechende Rückmeldung der Lehrerin bekommen oder wenn das Kind darum bittet.

Wut entsteht leicht, wenn Eltern an den Hausaufgaben herummäkeln, Buchstaben oder Zahlen ausradieren oder verlangen, etwas noch einmal neu zu schreiben. Es ist sehr viel sinnvoller, wenn die Kritik von der Lehrerin kommt, denn die kann es am besten beurteilen. Viele Kinder lieben ihre Lehrerin und machen gern Hausaufgaben »für sie«. Besonders dann, wenn die entsprechende positive Rückmeldung nicht ausbleibt.

Für manche Kinder ist es zunächst schwierig, den richtigen Zeitpunkt zu finden oder sich überhaupt zu merken, dass sie eine Verpflichtung haben. Dann kann es schon mal vorkommen, dass sie abends aus dem Bett springen, um an ihren Schulranzen zu gehen. Warum nicht? Am nächsten Tag ist dann allerdings die elterliche Frage erlaubt: »Willst du deine Hausaufgaben heute gleich nach dem Essen machen oder vor dem Zähneputzen?« Oder: »Wie können wir das schaffen, dass du deine Hausaufgaben nicht vergisst?«

Manchmal bekommen Kinder aber auch bei den Hausaufgaben einen Wutanfall, weil Buchstaben oder Zahlen nicht so gelingen, wie sie das wünschen. Wenn Eltern sich jetzt einmischen, verschlimmern sie in der Regel die Wut. Vertrauen Sie darauf, dass Ihr Kind einen Weg aus der Wut findet. Wir sind schließlich auch wütend, wenn uns etwas nicht gut gelingt. Irgendwann wird Sie das Kind um Hilfe bitten oder von selbst neu anfangen. Die Verantwortung für die Hausaufgaben liegt beim Kind. Schafft es sie auch im zweiten Anlauf nicht, geht es am nächsten Tag ohne Hausaufgaben zur Schule. Gibt es regelmäßig Ärger mit den Hausaufgaben, ist ein Gespräch in ruhiger Atmosphäre notwendig.

Lehrer und Eltern sollten wissen, dass Strafen und andere Maßnahmen, die Kinder als Übeltäter brandmarken, dazu führen, dass sich die Wut dieser Kinder verstärkt. Wenn keinerlei Verständnis gezeigt wird, steigert sie sich ins Unermessliche. Wie bei Hydra, der Schlange: Schlägt man ihr einen Kopf ab, wachsen gleich zwei neue nach.

Wut muss auch in der Schule ihren Platz haben, indem man zum Beispiel Wutecken zum Rückzug einrichtet und faires Toben erlaubt. Es gibt zum Beispiel Schaumgummischläger, mit denen Spaßkämpfe ausgeführt werden können, bei denen niemand verletzt wird.

Mädchen und Jungen brauchen ausreichend Raum zum Toben. In einem Schulversuch hat man festgestellt, dass schon eine Stunde Sport ohne Leistungsdruck am Tag die Aggressionen auf dem Schulhof deutlich senkt.

Eine gute Möglichkeit im Umgang mit wütenden Kindern in der Schule ist auch die Ausbildung von Streitschlichtern oder Konfliktlotsen. Im Internet finden sich vielfältige Anregungen, wie Kinder lernen können, Konflikte als das Aufeinanderprallen verschiedener Bedürfnisse zu erkennen, und wie sie eingreifen können. Bekanntlich ist das Lernen von gleichaltrigen oder älteren Kindern besonders wirksam, denn Kinder lernen am liebsten und besten durch Nachahmen.

Das Streitschlichter-Programm

Mediation hilft, Konflikte gewaltfrei zu lösen. Im »Streitschlichter-Programm« erhalten Erwachsene und Kinder Orientierung, wie »anders streiten« möglich ist:

Die Teilnahme ist freiwillig. Jeder darf ausreden, niemand darf Beleidigungen aussprechen oder handgreiflich werden. Der Streitschlichter moderiert das Gespräch.

In einem ersten Schritt geht es um die Bewusstmachung der Gefühle: Jede Partei wird aufgefordert, die eigenen Gefühle auszusprechen. So können die dahinter verborgenen Bedürfnisse und Wünsche ans Licht kommen: »Ich bin sauer!«, schreit Paul, »das ist voll unfair! In jeder Pause stellst du mir ein Bein!« – »Und

du lässt mich nie mitspielen. Weil ich nicht im Fußball-
verein bin!«, kontert Mathis.

Sobald gegenseitiges Verständnis geweckt ist, werden
Lösungen gesucht, die von den Konfliktpartnern entwickelt werden. Wenn eine Übereinkunft gefunden ist,
geht es an die Umsetzung. Nach einer gewissen Zeit
wird noch einmal überprüft, ob sich die Lösung bewährt
hat oder ob man sich erneut zusammensetzen muss.

Als »Mobbing« bezeichnet man gezieltes Ärgern und Ausgrenzen
von Einzelnen durch eine Gruppe. Dabei ist es wichtig zu wissen,
dass die Opfer willkürlich ausgewählt werden. Sie trifft keinerlei
Schuld. Es kann jeden treffen. Die Täter bestehen aus einer Gruppe
mit Anführern und Mitläufern. Sie benutzen das Mobbing als Ventil
für ihre Wut und Aggression. Um Mobbing zu verhindern, muss im
schulischen Umfeld ein offenes, freundliches Klima herrschen, das
Schüler ermutigt, von ihren Problemen zu erzählen. Sie müssen
wissen, dass jemand da ist, dem sie sich anvertrauen können, und
dass diese vertrauensvollen Gespräche nichts mit »Petzen« zu tun
haben.

Auch beim Mobbing hat sich in Grundschulen bewährt, nicht mit
Strafen zu reagieren, sondern die Täter in ein Unterstützerpro-
gramm mit einzubeziehen. Bestraft man Täter vorschnell, geben
sie den Druck oft direkt an die gemobbte Person weiter – ungeachtet aller Konsequenzen. Ein erfolgreicher Ansatz ist der »No-Bla-
me-Approach«, also ein Lösungsversuch ohne Schuldzuweisungen
und Strafen.

Jonas wurde von seinen Mitschülern nie zum Geburtstag eingeladen. Seine Lehrerin beobachtete, dass er in der Pause oft allein herumstand und unglücklich wirkte. Nach vielen Gesprächsversuchen, auch mit den Eltern, kam schließlich heraus, dass Klassenkameraden ihn als »Stinker« bezeichneten und regelmäßig ausgrenzten. Wenn sie im Unterricht ein Arbeitsblatt holen sollten, gingen sie an Jonas' Tisch vorbei und zischten ihm »Iiihh!« zu.

In Absprache mit Jonas und seinen Eltern wurde das Verhalten der Kinder im Stuhlkreis öffentlich gemacht, ohne Namen zu nennen. »Wie würdest du dich fühlen, wenn man das mit dir machen würde?« Jedes Kind sollte überlegen. So wurden das Einfühlungsvermögen angeregt und Gefühle in Sprache umgesetzt. Hieraus können Handlungsschritte abgeleitet werden. Die Kinder der Klasse suchten nach Lösungen: Was können wir tun, damit niemand in unserer Klasse geärgert wird? Alle Lösungsvorschläge wurden gesammelt: »Nett sein«, »Einen Entschuldigungsbrief schreiben«, »Mit ihm spielen« … Schließlich wurde eine Gruppe gebildet, die zukünftig genau beobachten sollte, wie Kinder sich während des Schultages fühlen und ob es allen gut geht. Jonas und die Anführerin des Mobbings wurden beide in diese Unterstützergruppe gewählt. Regelmäßige Nachfragen der Lehrerin sollen verhindern, dass sich solche Vorfälle wiederholen.

Schön ist auch die Idee des »Wunschkastens«, in den man anonym Zettel einwerfen darf. So können Klagen oder Wünsche besprochen werden, die man sich nicht laut zu sagen traut.

»Da wäre mir fast die Hand ausgerutscht«

Wütende Kinder wecken leicht die Wut der Eltern. Die unmittelbaren Gefühle stoßen bei Erwachsenen auf Erfahrungen und Emotionen, die seit Jahren in ihnen schlummern.

Emotionen als Wegweiser

Wut hat mit unseren frühesten Instinkten zu tun, deshalb bricht sie oft wie eine Naturgewalt herein (siehe oben: »Die neurobiologische Perspektive«). Diesen jahrtausendealten Mechanismus hat der Schauspieler Joachim Meyerhoff in seinem Bestseller *Alle Toten fliegen hoch* so beschrieben:

»Mit hübscher Regelmäßigkeit ergriff mich ein rasender, roter Furor, der mir selbst das größte Rätsel war. Ich konnte in diesen Abgrund nicht hineinsehen. Ich wusste nicht einmal, wo der Weg begann, der zur Klippe dieses Abgrunds führte. Ich hasste meinen Zorn. Er machte mich zornig. Er kam mir vor wie eine Krankheit. Ein Anfallsleiden, das mich erniedrigte und entmündigte. Doch niemand, ich selbst nicht und auch sonst niemand, fand den Krankheitsherd, den Zornherd. Das war mir oft unheimlich. Dass es da einen allzeit zur Explosion bereiten bollernden Ofen in mir gab, der sich mit mir selbst vollkommen im Dunkel liegenden Kränkungen befeuerte. Meine Brüder nannten mich: die blonde Bombe!«

Auch Eltern reagieren oft dünnhäutig. Sosehr sie sich ihre Kinder auch gewünscht haben, schränken sie das Leben doch auf vielfältige Weise ein. Jede Mutter und jeder Vater fühlt sich zwischendurch als Sklave, der an familiäre Zwänge und Pflichten gebunden ist. Jede Freiheit muss teuer erkauft werden.

Hinzu kommen in vielen Familien finanzielle Engpässe. Kinder kosten Geld. Man denke nur an einen simplen Familienausflug in den

Zoo. Die Miete für eine größere Wohnung oder gar ein Haus verschlingt Unsummen. Und weniger Geld zu haben als andere, ist auf Dauer frustrierend. Entsprechend können Kinder zuweilen Gefühle auslösen wie: »Ich werde nie wieder frei sein« oder »Diese Bande ist mein Ruin«.

Auch nach komplizierten Geburten, ungewollten Schwangerschaften, gesundheitlichen Problemen oder zwischenzeitlicher Erschöpfung stellen sich Emotionen ein, für die sich Eltern manchmal schuldig fühlen. Dann kann es sein, dass die Gedanken anfangen, im Kopf Karussell zu fahren.

Weil Wut zu unserer Grundausstattung gehört, muss sich niemand dafür schämen. Wenn wir sie als Wegweiser benutzen und für unsere Ziele einsetzen, ist sie sogar sinnvoll. Denn starke Gefühle, die aus einem Erwachsenen herausbrechen, führen immer zu einem inneren Kern, zum sogenannten »Eingemachten«. Wie in einem Einmachglas schlummern in uns Erfahrungen aus alter Zeit, die uns tief verletzt, gedemütigt und enttäuscht haben. Es sind alte Wunden, die oberflächlich verheilt sein mögen, aber leicht wieder aufbrechen können.

Es ist ein Glück, dass wir normalerweise unsere Verletzungen »vergessen« und nicht täglich mit allem negativ Erlebten konfrontiert sind. Unser Gehirn sorgt dafür, dass traumatische Erfahrungen im Unbewussten verschwinden, sodass wir eine Schutzschicht haben, hinter der wir unbeschwerter leben können.

Sobald aber bestimmte Themen oder Ereignisse wie Blitze in unseren Alltag einschlagen, »kommt etwas hoch«. Wir merken gar nicht, was da passiert: Als würde ein Knopf gedrückt, verwandeln wir uns wieder in das dreijährige Kind, das wir einmal waren, oder sogar in das Baby von einst. Eine unbändige Wut kann dabei genauso aus uns herausbrechen wie eine abgrundtiefe Trauer über das Erlittene.

»Was im Zorn begonnen hat, endet in Scham.«

Lew Tolstoi

● ● ● ● ●

Jesper Juul spricht von »Erbgut« und »Strandgut« – beides kann Wut auslösen. Erbgut ist alles, was wir von unseren Eltern unbewusst übernommen haben und nicht mögen. Deshalb geloben wir, die eigenen Kinder niemals so zu behandeln – und tun es meistens doch. Strandgut

Das innere Kind

Das Kind, das wir selbst einmal waren, ist noch im Erwachsenenalter in uns lebendig. Gerade Eltern, die für ihr eigenes Kind viele Opfer bringen, kann es helfen, sich mit ihrem inneren Kind zu beschäftigen. In ruhigen Minuten können Sie sich auf eine Reise zu sich selbst begeben:

Nehmen Sie sich ein wenig Zeit und richten Sie Ihre Aufmerksamkeit nach innen. Schließen Sie die Augen und stellen Sie sich das Kind vor, dass Sie einmal waren. Schauen Sie sich diesen Menschen genau an, fühlen Sie, was ihn bewegt …

Fragen Sie ihn, ob Sie ihm irgendwie helfen können? Was braucht das innere Kind? Gehen Sie dann als der Erwachsene von heute zu dem Kind von damals und geben Sie ihm in Ihrer Fantasie das, was es braucht: Zärtlichkeit, ein Lob, in den Arm nehmen, ein tröstendes Wort …

Wiederholen Sie diese Übung immer wieder. Falls Sie immer wieder auf ein tieftrauriges und verletztes Kind stoßen, holen Sie sich therapeutische Hilfe.

sind die vielen Ratschläge, Hinweise und Sprüche aus unserer Umgebung. Nicht alle sind brauchbar oder passen zu uns.

»Sowohl das Erbgut als auch das Strandgut werden erkennbar«, so Juul, »wenn Eltern dem Gehör schenken, was ich manchmal den ›automatischen Elternanrufbeantworter‹ nenne. Das ist ein Ding, das sich ganz automatisch einschaltet, sobald ein Kind in Hörweite kommt. Es leiert seine Weisheiten mit großer Sicherheit herunter, wenn wir unsere

Kinder in die Stadt, zu Besuch, ins Restaurant etc. mitnehmen. Es sagt zum Beispiel ›Putzt eure Füße ab‹, während die Kinder längst dabei sind, die Schuhe auszuziehen …«

Ähnlichkeiten werden Assoziationen

Was die ihnen anvertrauten Kinder angeht, haben Erwachsene oft festgefahrene Meinungen, die aus eigenen Erlebnissen und frühen Urteilen resultieren. Das ist meist dann der Fall, wenn sie selbst als Kind erfahren haben, nicht angenommen und geliebt zu werden. Äußere Ähnlichkeiten mit Familienangehörigen können der Auslöser für Projektionen sein, die leicht zu »Schubladendenken« führen: »Er ist genau wie mein liebloser Vater.« Oder: »Sie guckt so zornig wie meine Mutter.«

Manche Eltern verurteilen sich selbst für solche Emotionen und versuchen, sie möglichst lange zu unterdrücken. Das ist aber nicht sinnvoll. Sobald es uns gelingt, starke Gefühle als Wegweiser zu uns selbst zu begreifen, erfahren wir eine Menge über uns und erhalten die Chance, alte Wunden zu heilen.

Michael, Vater von zwei Kindern, bekommt als Erwachsener regelmäßig Wutanfälle, die seine Frau erschrecken. Er wirft Gegenstände an die Wand oder schimpft laut aus geringem Anlass. In therapeutischen Gesprächen stellt sich heraus, dass Michael das ungeliebte und nicht gewollte Kind seiner Mutter war, während der Bruder verhätschelt wurde. Aus diesem Grund fühlte sich Michael von klein auf aus der Gemeinschaft von Mutter und Bruder ausgeschlossen. Schlägen und Beschämungen war er hilflos ausgesetzt.

Weil der Vater früh starb, hatte Michael keinen Halt in der Familie und auch kein Vorbild für einen anderen Umgang miteinander. Auch ihm sei manchmal »fast die Hand ausgerutscht«, wenn er mit seinen Kindern nicht zurechtkam. Nachdem Michael die eigene Geschichte noch einmal intensiv angeschaut hat, kann er seine Wut besser verstehen. Gemeinsam mit seiner Frau hat er Verhaltensweisen entwickelt, die ihn beruhigen. Inzwischen geht er regelmäßig joggen und lernt Karate. Wenn er schimpft, benutzt er selbsterfundene Wörter und Flüche, die niemanden anklagen oder kritisieren.

Hanna ist das jüngste von vier Kindern ihrer Eltern, die im Jahr ihrer Geburt schon 42 und 50 Jahre alt waren. Da die Eltern stark belastet und bald auch krank wurden, lernte Hanna früh, Rücksicht zu nehmen und die eigenen Gefühle und Bedürfnisse zu beherrschen. Sie tat alles, um ihren Eltern zu gefallen, sie zu schonen und nicht zusätzlich zu belasten. Immer spielte sie die »liebe« Tochter, die jeder gernhat. Als Hanna ihren ersten Sohn bekommt, erschreckt sie heftig vor seiner Wut. So etwas kennt sie nicht! Sie möchte Harmonie herstellen – und scheitert damit. Erst der Blick auf die eigene Kindheit zeigt ihr, dass die Wut ihres Sohnes genauso zu ihm gehört wie seine schönen Locken. Nicht Harmonie um jeden Preis, sondern Akzeptanz der unterschiedlichen Bedürfnisse bestimmen heute das Familienleben.

»Der authentische Umgang mit Gefühlen ist in jedem Fall besser als verkopfter Perfektionismus«, schreibt Jesper Juul: »Autenthische Eltern sind besser als theoretische Eltern. Eltern, die Fehler machen und die Verantwortung für ihre Irrtümer auf sich nehmen, sind besser als solche, die perfekt zu sein versuchen. Perfektionistischen Eltern gegenüber fühlen Kinder sich immer missraten, und wer sich als Kind missraten fühlt, missrät auch oft in Wirklichkeit.«

Selbstbefragung

- Welche Verhaltensweisen bringen mich »auf die Palme«?
- Was genau ist der »Reiz«, der meinen Aggressionsapparat anwirft?
- Was genau löst dieser Reiz in mir aus?
- Welche Bilder und Gedanken kommen hoch?
- Woher kenne ich das?
- Was könnte mir helfen?
- Wie möchte ich mich verhalten, wenn ich es könnte?

Achtsamkeit in der Familie

Eltern stehen heute mehr denn je unter Stress, denn die Welt wird immer schnelllebiger und komplizierter. Daher sollten Mütter und Väter ihre Kraft nicht nur in äußere Aktivitäten stecken, sondern auch lernen, für sich selbst zu sorgen. Das kann durch Musik, Joggen oder Yoga geschehen. Oder auch durch Achtsamkeit.

Achtsam zu sein bedeutet, im Hier und Jetzt so bewusst wie möglich wahrzunehmen, was gerade geschieht. Das verlangt Rückzug und Konzentration – besonders im Zeitalter der Smartphones. Und auch im Leben mit Kindern.

Was passiert jetzt gerade, in diesem Moment? Was regt sich in mir und um mich herum? Was ist mir in der gegenwärtigen Situation wirklich wichtig?

Wenn es uns gelingt, diese Fragen auch in Augenblicken inneren Aufruhrs an uns selbst zu stellen, wirkt sich das wohltuend auf den Umgang mit Kindern und Partnern aus. In ihrem Buch *Mit Kindern wachsen* schreiben Myla und Jon Kabat-Zinn: »Achtsamkeit ermöglicht es, Oberflächenerscheinungen zu durchdringen. Sie hilft uns, klarer zu sehen, wie unsere Kinder wirklich sind. Mit Hilfe der Achtsamkeit können wir sowohl in unser Inneres schauen als auch die Außenwelt betrachten und aufgrund dessen, was wir dabei sehen, in unserem Handeln ein gewisses Maß an Weisheit und Mitgefühl entwickeln.«

Achtsamkeit ist ein Gewahrsein, das den Augenblick erfasst, ohne über Menschen, Situationen und Emotionen zu urteilen. Wenn wir unsere Aufmerksamkeit verfeinern und uns ganz auf das, was gerade ist, konzentrieren, werden wir uns wieder der wirklich wichtigen Dinge bewusst.

Als Eltern werden wir ständig mit Chaos, Unordnung und Gefühlen eigener Unzulänglichkeit konfrontiert. Es ergeben sich zahllose Anlässe für Irritationen, Streit und Auseinandersetzungen. Wenn wir wütend sind, läuft in uns ein automatischer Prozess ab. Dann sind wir unfähig, zu denken oder aufmerksam zu sein. Bevor die Wut aber aus uns herausbricht, gibt es einen Moment, in dem wir innehalten können. Achtsamkeit hilft, diesen Moment zu erkennen.

Achtsam lieben

Kinder fordern uns heraus. Wenn wir die Herausforderung erkennen, mit der wir täglich konfrontiert werden, können wir üben, sie achtsam wahrzunehmen. Jedes Mal, wenn wir unser Kind ganz bewusst in den Armen halten, üben wir Achtsamkeit, indem wir ganz mit dem Fühlen, Riechen, Berühren, Halten und Atmen in Kontakt sind. Welche Gedanken und Bilder durchziehen Sie dabei?

Eltern neigen schnell dazu, sich selbst zu beurteilen oder sogar sich zu verurteilen. Dann reden sie sich ein, dass sie etwas »zu sehr« oder »zu wenig« seien. Solche spontanen Etiketten werden schnell zu Gewissheiten, die Eltern und Kinder gleichermaßen einschränken. Sie machen blind für die Möglichkeiten der Veränderung, die

• • • • •

sich in jedem Augenblick ergeben. Achtsamkeit verhindert, dass unsere Sichtweise zur selbsterfüllenden Prophezeiung wird.

Wenn wir Achtsamkeit üben, geht es darum, unsere Gedanken nicht als »Wahrheit« zu bewerten, sondern als etwas zu registrieren, das gerade durch uns durchzieht. Wenn wir Wut in uns wahrnehmen, müssen wir uns nicht zwangsläufig darin verfangen, sondern betrachten sie einfach. Die Wut ist zwar da, aber sie packt uns nicht.

Indem wir uns selbst bewusst wahrnehmen, erkennen wir, dass wir mehr sind als dieses Gefühl. Meistens identifizieren wir uns mit dem, was wir denken und fühlen. Dann besteht die Gefahr, engstirnig zu werden und uns nicht weiterzuentwickeln. Achtsamkeit ermöglicht die Wahrnehmung: Ich bin mehr. Mehr als meine Gefühle und mehr als meine Gedanken.

Dazu braucht es nicht mehr als die Vertiefung und Verfeinerung des Gewahrseins seiner Selbst und der Fähigkeit, in der Gegenwart präsent zu sein und in Abstimmung auf den Moment zu handeln. Es geht also nicht darum, dass wir ein festes Ziel oder ein Ergebnis erreichen (zum Beispiel: nicht wütend zu werden), sondern dass wir uns selbst mit einem gewissen Maß an Güte und Mitgefühl sehen. Jeder Augenblick ist ein Neuanfang. Und jeder Augenblick kann dein Lehrer sein!

Die Liebe zu unseren Kindern findet ihren Ausdruck von Augenblick zu Augenblick in der Qualität der Beziehung zu ihnen. Sie spiegelt sich nicht nur in den großen Gesten oder besonderen Erlebnissen, sondern zeigt sich auch in der Art, wie wir ihnen das Brot reichen oder »Guten Morgen« sagen.

Der Umgang mit Zeit spielt eine große Rolle in der Beziehung mit Kindern. Wir können sie bewusster erleben, indem wir die vorhandene Zeit besser nutzen: Wenn wir zum Beispiel am Abend schon Vorbereitungen für den Morgen treffen, indem wir Kleider zurechtlegen oder den Frühstückstisch decken. Wir können uns aber auch darum bemühen, den morgendlichen Zeitdruck nicht auf alles abfärben zu lassen, was wir tun.

Jetzt ist jetzt

Bei all dem können Sie sich immer wieder auf den Atem besinnen und sich vergegenwärtigen, dass Ihre Befürchtungen die Zukunft betreffend nichts weiter sind als Gedanken. Beobachten Sie für einige Minuten Ihren Atem. Atmen Sie einfach nur ein und aus, ohne etwas kontrollieren oder verändern zu wollen. Der Atem kommt und geht ganz von allein.

Wie fühlt sich der Atem gerade an? Was fühlen Sie gerade?

Die Putzmeditation

Legen Sie beim Spülen, Putzen, Aufräumen etc. kurze Pausen ein und spüren Sie den Moment: Was ist hier und jetzt?

Überprüfen Sie Ihre Gedanken: Wohin schweifen sie? Holen Sie die Gedanken zurück in den Augenblick, der jetzt gerade ist.

Versuchen Sie, den Augenblick auszudehnen.

Stellen Sie sich vor, dass in diesem Augenblick alle Möglichkeiten vorhanden sind. So wie das Meer im Tropfen vorhanden ist und der Tropfen im Meer.

Zauberbuch für
ZORN-
ZWUCKEL

Was hilft, wenn scheinbar nichts mehr hilft?
**Aus der Wut führen ganz verschiedene
Wege heraus** – hin zu Erfahrungen von
Veränderung und Gemeinschaft.

Der liebevolle Blick

In *Wir Kinder aus Bullerbü* beschreibt Astrid Lindgren, wie Lisa und Inga schon zu Beginn des letzten Jahrhunderts in einer schwedischen Zeitung gelesen haben, dass man zu Kindern »mild und freundlich« sprechen soll, ansonsten würden sie »widerspenstig«.

Als die beiden Mädchen bald darauf Oles kleine Schwester ins Bett bringen, merken sie, dass Besonnenheit gegenüber Kleinkindern gar nicht so einfach ist: »Sofort begann Kerstin, aus vollem Hals zu schreien. Wir taten, als hörten wir es nicht, aber sie schrie und brüllte immer lauter und immer lauter. Schließlich steckte Inga den Kopf in die Stube und sagte: ›Sei still, du ungezogenes Ding!‹ Es ist wohl richtig, dass man mild und freundlich mit kleinen Kindern sprechen soll, aber manchmal geht das nicht. Sicher hatte die Zeitung Recht, dass Kinder, mit denen man herumschimpft, widerspenstig werden. Kerstin ganz bestimmt. Deshalb brüllte sie schlimmer als vorher.«

Lindgrens Geschichten aus Bullerbü erschienen vor mehr als sechzig Jahren. Ihre kleinen Heldinnen sind ungefähr acht Jahre alt. Hätte Inga ihre Hand auf die kleine Kerstin gelegt, wäre sie wahrscheinlich bald eingeschlafen. So hätte sie dem Kind signalisiert, dass sie sein Problem wahrgenommen hat und sein Bedürfnis anerkennt: »Ich verstehe, dass du nicht allein einschlafen kannst, weil deine Mama nicht da ist. Deshalb bleibe ich jetzt hier sitzen und passe auf dich auf. Alles ist gut.« Ein kleines Kind fühlt sich auf diese Weise verstanden und angenommen. Die Beziehung wird nicht in Frage gestellt. Die Zauberformel lautet: »Ich sehe dich, und du bist gut.«

Auch in diesem Fall: »Ich verstehe, dass du ein Eis willst. Du bist enttäuscht, dass ich dir keins kaufe. Aber vor dem Essen gibt es kein Eis.« Natürlich wird das Kind nicht gleich aufhören zu brüllen. Es weiß aber, dass es sich auf Sie verlassen kann. Dass die Beziehung sicher ist. Und es hat gemerkt, dass die Regel »Vor dem Essen nichts Süßes« ernst gemeint ist und konsequent eingefordert wird.

Jesper Juul weist darauf hin, dass Kinder, die mit einer Bitte kommen, immer zwei Dinge gleichzeitig wollen: Nicht nur die Eistüte, sondern auch den Kontakt zu uns. Sie wollen spüren, dass wir noch da sind – für sie da sind. Und das wollen sie aus unserer Sprache und der Art, wie wir den Kontakt aufnehmen, heraushören.

Das innere Feuer des »Ich sehe dich, und du bist gut« darf nie verlöschen. Auch dann nicht, wenn das Kind Verhaltensweisen zeigt, die wir nicht gutheißen oder verboten haben. Der kleine Mensch ist immer in Ordnung, auch wenn sein Verhalten nicht in Ordnung ist. Leider fällt es oft schwer, das Handeln vom Menschen zu trennen.

»Du bist böse« ist eine Aussage, die nie vermittelt werden sollte, denn sie macht den Menschen schlecht. »Mich stört, was du tust« oder »Das darfst du nicht, weil …« lässt das Kind heil. So bleibt es unverletzt und bekommt gleichzeitig suggeriert, dass man selbst weiß: »Du kannst dein Verhalten ändern.« Wer etwas Verbotenes tut, kann es sein lassen. Wer »böse« ist, bleibt zurückgeworfen auf sich selbst. Gerade in Kindergärten und Schulen wird dem störenden Kind manchmal ein Stempel aufgedrückt. Es bekommt dann die Identität des Bösewichts – eine Rolle, aus der heraus kaum positive Veränderung möglich ist.

Jeder Erwachsene hat schon mal die Erfahrung gemacht, wie verletzend Worte sein können. Viele Eltern tragen einen Sack mit Verletzungen aus der Kindheit und Jugend mit sich herum. Jeder wurde schon absichtlich oder unabsichtlich mit Worten getroffen, die noch lange nachhallen und sich oft zu negativen Glaubenssätzen aufplustern: »Ich bin unattraktiv«, »Ich bin unordentlich«, »Über meine Witze lacht eh keiner« etc.

Die Wunden der Eltern

Ich empfehle Eltern, sich einmal mit ihrem Partner darüber auszutauschen, welche dieser Sätze noch nachhallen und welche man zum Beispiel durch neue Erfahrungen überwunden hat. Auf diese Weise entsteht wahre Nähe und Intimität. Man zeigt sich gegenseitig sozusagen seine Wunden. Das sensibilisiert wiederum für die Art und Weise, mit der wir Kindern begegnen.

Prinzipiell gilt: Je größer das Problem, desto wichtiger ist die Einübung des liebevollen Blicks – dies gilt ebenso für die Familie wie für Beruf und tägliches Leben. Von mehr Respekt, Wertschätzung und Anerkennung profitieren alle.

Bewusste Kommunikation

Weit verbreitet ist die Meinung, dass man sich wenigstens zu Hause »gehen lassen« darf, wenn man sich schon im Beruf tagtäglich um Höflichkeit bemühen muss. Also zu Hause rumbrüllen, nachdem man acht Stunden die Kollegen angelächelt hat? Wer so denkt, vergisst, dass alles Folgen hat. Jeder weiß, dass ein gutes Betriebsklima zu mehr Gesundheit und höherer Leistung führt. Das gilt erst recht für das Familienklima.

In seinem Buch *Gewaltfreie Kommunikation* empfiehlt Marshall Rosenberg, bei aufsteigender Wut sich stets zu fragen: Was beobachte ich? Was fühle ich? Was brauche ich? Wenn ich meine Aufmerksamkeit auf diese drei Ich-Bereiche richte, kann ich dem Gegenüber mitteilen, wie es mir geht und was ich mir von dem anderen wünsche.

Die Bedeutung der Ich-Botschaften ist einfach und dennoch nicht selbstverständlich: »Du hast ...«, »Du bist ...«, »Du sollst ...« – Um von unseren eigenen Emotionen abzulenken, klagen wir lieber an. Mit »Ich bin sauer ...«, »Ich bin enttäuscht ...« »Ich bin traurig ...« geben wir unseren Gefühlen Ausdruck, ohne zu verletzen. Jeder hat das Recht auf seine Gefühle. Sie sind weder richtig noch falsch, weder gut noch böse, sondern einfach vorhanden. Probleme entstehen erst, wenn wir andere dafür verantwortlich machen.

Ein kleines Kind kann seine Gefühle weder benennen noch kontrollieren. Es schreit sie einfach heraus. Als Elternteil kann ich mich auch nicht immer unter Kontrolle halten. Aber ich kann sagen, was ich fühle. Rosenberg empfiehlt, die konkrete Situation oder Handlung anzusprechen: »Als du eben so getrödelt hast, bin ich wütend geworden, weil …«, »Ich war vorhin sauer, weil du nicht auf mich gehört hast. Das war mir wichtig, weil …«, »Als du eben wieder geschrien hast, dass du nicht ins Bett willst, ist mir das ganz schön auf die Nerven gegangen …«.

Tom erzählte mir, wie er nach einem harten Arbeitstag nach Hause kam. Als er die Tür aufschloss, waren seine beiden Kinder heftig am Streiten. Seine Reaktion: »Hey ihr zwei, ich bin total erschöpft und frustriert! Ich will jetzt nichts hören! Ich brauch einfach mal Ruhe!« Plötzlich hielt der ältere Sohn inne, schaute seinen Vater an und sagte: »Was war denn, Papa?«

Tom hat offen kommuniziert und seinen Kindern die Chance auf Veränderung gegeben. Wer dagegen vorwurfsvolle Sätze hört wie »Immer dasselbe mit euch!«, »Ihr seid echt eine Plage!« oder »Keiner nimmt Rücksicht auf mich!«, wird nicht motiviert, etwas anders zu machen.

Der finnische Psychologe Ben Furman hat einen einfachen Trick entwickelt für Situationen, in denen Erwachsene mit Kindern etwas Wichtiges besprechen wollen. Wie bei jedem Gespräch sollte man dabei einen Moment abpassen, in dem man selbst ruhig ist.

Der Daumen soll Sie daran erinnern, freundlichen Kontakt zum Kind aufzunehmen, so, dass es Ihnen auch wirklich zuhört. Sie sagen zum Beispiel »Setzt du dich mal zu mir, bitte …« oder »Schau mich mal an, Schatz!« oder »Ich würde mich gerne mit dir unterhalten. Gestern sind wir beide ausgerastet …«.

Der Zeigefinger steht für die Veränderung, die Sie sich wün-schen. Dabei ist es wichtig, das gewünschte Verhalten konkret zu benennen, zum Beispiel: »Ich möchte nicht, dass du in die-sem Ton mit mir redest. Du kannst höflich fragen, wenn du etwas möchtest.« Oder: »Ich möchte nicht, dass du mich schlägst, wenn du wütend bist. Ich schlage dich auch nicht.« Oder: »Es geht nicht, dass du mit Bausteinen wirfst!«

Der Mittelfinger steht für eine Begründung, die Ihr Kind verste-hen lässt, warum es etwas lassen soll, etwa: »Es ist gefährlich, mit Bausteinen zu werfen. Das kann sehr wehtun und Sachen kaputt machen«, »Wenn ich deine kleine Schwester trösten muss, weil du ihr wehgetan hast, habe ich weniger Zeit für dich«, »Wenn du im Supermarkt so ein Geschrei anfängst, kann ich dich nicht mehr mitnehmen, weil mir das peinlich ist, wenn du so brüllst«.

Der Ringfinger steht für etwas ganz Wichtiges: Ermutigung – »Beim nächsten Mal klappt es!«, »Du bist ein so cleverer Junge, das schaffst du bestimmt!«, »Vielleicht gelingt es nicht beim ersten Mal, aber probiere es einfach öfter«.

Der kleine Finger soll Sie daran erinnern, eine klare Abmachung zu treffen – »Wie sollen wir das machen, hast du einen Vorschlag?«, »Was passiert aber, wenn du es mal vergisst?«.

»Mama ist müde«

Ein Kind erziehen bedeutet, es durch den Alltag zu begleiten. Dabei spielt unsere Sprache, die konkrete Wortwahl und die Art, wie wir uns ausdrücken, eine große Rolle.

Auch wenn nichts gesagt wird, kommunizieren wir. Zum Beispiel durch Mimik und Gestik, durch die Art unserer Bewegungen und unsere Körperspannung. Die Qualität der Kommunikation, in der wir aufwachsen, ist entscheidend für unsere Gefühle und unsere persönliche Entwicklung.

Kommunikation findet auf mehreren Ebenen statt, die wir oft nicht bewusst wahrnehmen. Aber gerade Kinder nehmen Unsicherheiten und feine Nuancen in unserer Sprache schnell und sensibel wahr. Ein Ja kann wie ein Nein klingen, wenn es mit Zweifeln verbunden ist, und ein Nein wie Ja, wenn es versöhnlich ausgesprochen wird.

Nehmen wir den Satz: »Mama ist müde.« Da ist zunächst die Ebene der reinen Fakten, also die Müdigkeit. Gleichzeitig schwingt die Beziehungsebene mit: »Ich sage dir das, weil wir miteinander zu tun haben.« Aber ist diese Beziehung eindeutig? Bei Mutter und Kind sollte man meinen, dass die Frau ausdrückt: »Ich bin der Erwachsene und habe die Verantwortung.« Der Satz beinhaltet aber auch: »Ich kann jetzt nicht die volle Verantwortung übernehmen, weil ich müde bin.«

In jeder Kommunikation finden wir auch immer einen unausgesprochenen Appell. Er könnte hier lauten: »Nimm Rücksicht!« oder: »Nimm's nicht so tragisch!« oder: »Versteh mich!«. Außerdem offenbart sich die sprechende Person in jeder Aussage selbst. Aber ist das eindeutig? Was drücke ich persönlich mit dem Satz »Ich bin müde« über mich aus?

Als Friedemann Schulz von Thun die verschiedenen Ebenen der Kommunikation beschrieb, wollte er damit darauf hinweisen, dass Missverständnisse vorprogrammiert sind. Dies gilt erst recht für die Kommunikation zwischen Kindern und Erwachsenen. In Filmen (z. B. *Wer früher stirbt, ist länger tot*) und Romanen (z. B. *Rubinrotes Herz, eisblaue See*), die aus der Perspektive von Kindern erzählt werden, wird oft vortrefflich dargestellt, wie schwierig es für Kinder ist, Erwachsene zu verstehen. Aus aufgeschnappten Kommunikationsfetzen oder falsch interpretierten Worten können Missverständnisse und Störungen bis hin zu starken Ängsten und Krankheiten entstehen.

Was sagen meine Worte über mich?

Missverständnisse kann man nicht vermeiden. Deshalb ist es wichtig nachzufragen. Kinder können das noch nicht, auch viele Erwachsene haben es nicht gelernt: »Heißt das, dass du dich ausruhen möchtest?«, »Meinst du, dass ich die Musik leiser stellen soll?«, »Soll ich mir also selber etwas zu essen machen?« – solche sinnvollen Nachfragen sind nicht selbstverständlich, wenn das Kind zu hören bekommt: »Mama ist müde.«

Missverständnisse

Gerade Kindern gegenüber sollten Erwachsene versuchen, sich eindeutig auszudrücken. Weil das aber schwierig ist, müssen wir immer damit rechnen, dass wir falsch verstanden oder fehlinterpretiert werden. Wie quälend Müdigkeit sein kann, nehmen kleine Kinder noch nicht bewusst wahr. Sie können aber nach und nach akzeptieren, dass Mama hin und wieder eine Pause braucht.

Ich erinnere mich an Kevin. Er war ein fröhlicher Erstklässler, aber eines Tages weigerte er sich, zur Schule zu gehen, und es gab herzzerreißende Abschiedsszenen auf dem Schulhof. Ängstlich klammerte er sich an seine Mutter, schrie und weinte. Nachdem er zunächst keinen Grund benennen konnte, fand seine Mutter in Gesprächen heraus, dass Kevin sich vor einem Mitschüler fürchtete, der ihn angeblich schon einmal geärgert hatte. Als Lehrerin stellte ich einiges an, um diesen Mitschüler zu finden. Es gelang nicht. Kevin verwickelte sich auch in Widersprüche, wie dieser Junge ausgesehen haben soll. Tage später entdeckte seine Mutter durch weitere geduldige Gespräche einen neuen Zusammenhang: Da sein Vater in einer anderen, aber nicht weit entfernten Stadt arbeiten sollte, glaubte Kevin, dass die Eltern sich trennen würden. Der Vater eines Freundes nämlich, der ebenfalls dort arbeitete, hatte gerade seine Familie verlassen. Das hatte Kevin mitbekommen und für sich daraus einen falschen Schluss gezogen. Nach einem ausführlichen Gespräch mit seinen Eltern ging er wieder gern zur Schule.

Das ganze Kind sehen

Wenn ein Kind uns Sorgen macht, weil es häufig Wutanfälle bekommt oder von einer Institution als »aggressiv« eingestuft wird, verlieren wir meistens alles andere aus dem Blick und fallen in eine regelrechte Problemhypnose: Wir sehen das Problem groß und farbig, denken ständig daran, malen uns schreckliche Zukunftsvisionen aus und sind oft hoffnungslos deprimiert. Schluss damit! Spätestens jetzt ist es Zeit, den liebevollen Blick einzuüben. Was ist das Besondere an diesem Kind? Worin besteht sein Charme? Welche positiven Eigenschaften hat es? Was kann es besonders gut?

In schwierigen Situationen empfiehlt es sich, eine Liste mit allem Positiven anzufertigen, das dieses Kind auszeichnet. Besprechen Sie die Liste mit dem Kind – und es wird erstaunt sein. Wahrscheinlich hat es selbst seine positiven Eigenschaften schon lange aus dem Blick verloren.

Gerade jetzt kommt es im Alltag darauf an, positives Feedback zu geben, wann immer es möglich ist. Bei anstrengenden Kindern ist dazu bestimmt etwas Übung erforderlich. Aber die lohnt sich: Oft geschehen kleine Wunder, wenn ein Kind, das oft ausgeschimpft oder sogar bestraft wurde, mit einem Lächeln und einem Kompliment begrüßt wird. Für kleine Leistungen im Alltag ist ein Lob angebracht.

Es ist wirklich übertrieben, Kinder für alles, was sie gerade tun, zu loben, zumal das dann auch nicht glaubwürdig ist. Aber fast jeder wird bestätigen, dass wir uns zu oft auf das Negative konzentrieren, Kritik üben und die vielen gelungenen Aktionen am Tag einfach übergehen. Übrigens nicht nur bei Kindern! Anerkennung und Wertschätzung sind die Triebfedern positiven Zusammenlebens und die beste Motivation zu Kooperation und persönlichem Engagement.

DREIFACH LOBEN

Wenn es darum geht, ein Kind im Erwerb einer neuen Fähigkeit zu unterstützen, empfiehlt Ben Furman das dreifache Lob. Soll es zum Beispiel lernen, bei Wut nicht mehr mit Gegenständen zu werfen oder Dinge kaputt zu machen – und das gelingt dem Kind, zum Beispiel indem es sich schreiend in sein Bett verkriecht und auf ein Kissen haut –, dann können wir später, wenn sich das Kind wieder beruhigt hat, wie folgt reagieren:

1. Einen Ausdruck der Bewunderung zeigen, indem
   wir »Wow!« oder »Alle Achtung!« sagen, es anstrah-
   len oder einfach den Daumen nach oben zeigen.

2. Die Schwierigkeit anerkennen, indem wir das Kind
   wissen lassen, dass es nicht einfach ist, so zu handeln: »Das muss richtig schwierig sein, nicht automatisch loszuhauen«, »Das ist wirklich nicht leicht,
   was du da gerade geschafft hast!«, »Ich glaube nicht,
   dass ich das als Kind so gut hingekriegt hätte!«.

3. Zum Schluss sollten wir das Kind bitten, uns zu
   erklären, wie es das geschafft hat. »Wie konntest du
   das so schnell lernen?« »Wie hast du das nur
   geschafft?«

Eine andere wirksame Art zu loben ist, die Leistung
jemand anderem im Beisein des Kindes zu berichten.
Die Erzieherin kann zum Beispiel dem Vater, der das
Kind abholt, erzählen: »Stellen Sie sich vor, heute hat
Kevin den ganzen Vormittag mit Timo gespielt, ohne zu
streiten. Ich hab mich so gefreut!« Oder die Mutter
erzählt dem Vater am Abend: »Lisa war heute Nachmit-
tag richtig lieb zu ihrer kleinen Schwester. Haben wir
nicht eine wunderbare große Tochter?!« Oder: »Bjarne
hat heute ein ganz tolles Lob in sein Heft bekommen.
Lies mal!«

Wut spielen, Wut weglachen

Im Alter von ungefähr drei Jahren beginnen Kinder ganz von selbst mit Rollenspielen. Dann ahmen sie die Erwachsenen nach und lernen dadurch, sich im Leben besser zurechtzufinden und wichtige Handlungen einzuüben. So sitzen sie zum Beispiel auf einem Kissen und machen Motorgeräusche, das heißt, sie spielen »Mama fährt Auto«. Ein Kaufladen oder ein Puppenherd sind in diesem Alter besonders beliebt. Beteiligt sich ein Erwachsener an so einem Spiel, wird die Sprache der Kleinen schnell erweitert und kann positiv beeinflusst werden: »Möchten Sie noch eine Kugel Eis?« – »Ja, sehr gerne, vielen Dank!«

Neben dieser Vorbildfunktion sind Rollenspiele auch für den Umgang mit starken Gefühlen wichtig. Wenn ein spielendes Kind die wütende Mama nachahmt, erfährt es, dass man Gefühle »anschalten«, aber auch wieder »ausschalten« kann. Außerdem ist die Wortwahl entscheidend. Witzige Schimpfwörter, wie sie in dem Bilderbuch *Du hast angefangen! Nein, du!* erfunden werden, weisen den Weg zum richtigen Wüten: »Alles muss raus! Aber niemand soll verletzt werden.« Mit zunehmendem Alter kann man solche Rollenspiele perfektionieren. Für erwachsene Zuschauer kann es höchst amüsant oder auch erschreckend sein, wie Kinder uns den Spiegel vorhalten. In der Regel benutzen sie genau unsere Worte.

Geübtere Kinder können bald kleine Familienszenen nachspielen: Philipp möchte fernsehen, darf aber nicht – Lena wünscht sich ein Handy, aber Mama ist dagegen – Luis will sich allein anziehen, aber Papa hat es eilig … Mit einigen wenigen Utensilien wie Hüten, Tüchern, Stöckelschuhen oder Handtaschen machen solche Spiele besonders viel Spaß.

Die heilende Kraft des Lachens

Echte Wut verträgt sich schwer mit Lachen. Gelingt es einem Erwachsenen jedoch, einen Schritt zurückzutreten und sich selbst von außen zu betrachten, kann Humor aufkeimen.

Ein einfacher Weg, eine schwierige Situation mit Humor zu nehmen, ist die Übertreibung. Wenn man vor seinem inneren Auge oder in Gedanken ein Problem sehr übertreibt, muss man unwillkürlich lachen. Wittgenstein hat gesagt, dass Humor eine Weltanschauung ist. Ich finde das sehr weise.

Lachen hat heilsame Kräfte, das ist bewiesen. Ein Pionier auf diesem Gebiet war der Amerikaner Norman Cousins, der an einer schwer heilbaren Krankheit mit heftigen Schmerzen litt. Weil nichts half, griff er 1964 zu ungewöhnlichen Mitteln, um sich selbst zu helfen: Cousins engagierte eine Frau, die ihm aus witzigen Büchern vorlas, und schaute sich Komödien an. Schon nach zehn Minuten lauten Lachens ließen die Schmerzen nach, und er konnte ruhig schlafen. Cousins wurde gesund und veröffentlichte seine Heilungsgeschichte in einer medizinischen Fachzeitschrift. Später wurde er Humorberater an der Medizinischen Fakultät der Stanford University.

Heute forschen weltweit Gelotologen (Lachforscher) und fanden u. a. heraus, dass beim Lachen vom Gehirn entzündungshemmende und schmerzstillende Substanzen ausgeschüttet werden. Stresshormone werden abgebaut. Auf Ärztekongressen und Psychotherapietagen wird die heilende Kraft des Lachens immer wieder belegt. Clowns, die kranken Kindern helfen, können wahre Wunder bewirken.*

Während gesunde Kinder ungefähr 400 Mal am Tag lachen, haben Erwachsene es in der Regel auf maximal 15 Lacher eingeschränkt. Das ist schade, aber nicht zwangsläufig, zumal wir in unseren Kindern ja eigene Humorberater im Haus haben.

Gemeinsam lachen kann man witzige über Bücher und Filme, über lustige Postkarten, Karikaturen, Comics und Witze, ganz zu schweigen von Lachsäcken, Furzkissen, roten Nasen und lustigen Brillen. Je alberner, desto besser!

Humor festigt Beziehungen und reduziert Widerstände – schon allein deshalb darf er in keiner pädagogischen Institution fehlen. Auf der emotionalen Ebene löst er Hemmungen und fördert den Ausdruck von Gefühlen. Humor regt die Kreativität an, fördert Entscheidungsprozesse und provoziert den Perspektivwechsel, der gerade im Umgang mit Kindern so wichtig ist.

* Sehr empfehlenswert ist der Film über den Clown und Arzt Patch Adams, der 1999 mit Robin Williams in der Hauptrolle gedreht wurde, sowie andere DVDs über Adams.

Wer lächelt, wird in der Regel angelächelt. Entsprechend haben fröhliche Kinder und Erwachsene mehr Sozialkontakte und Fähigkeiten, Beziehungen konstruktiv zu gestalten, als solche, die mit unfreundlichem Gesicht herumlaufen. Witz und Humor erwecken Liebe und Zuneigung.

Lachen befreit uns von unsinnigen Vorstellungen und einengenden Weltbildern. Es hilft uns, Scheuklappen abzulegen und die Perspektive zu wechseln. Allerdings sollten sich Erwachsene nie über Kinder lustig machen. Auch Ironie kann sehr verletzend sein.

Über andere zu lachen ist einfach. Schwieriger ist das Lachen über sich selbst. Noch schwerer ist es, andere über sich lachen zu lassen, ohne beschämt zu sein. Die schwierigste Übung aber ist, sich über die eigenen Fehler und Schwächen lustig zu machen. Sie können stolz auf sich sein, wenn Ihnen das gelingt. Und Sie dürfen sich Zeit dafür lassen und es immer wieder üben …

Zum Beispiel, wenn Ihr Kind morgens missmutig ist und sich nicht anziehen will: »Ich wollte heute auch nicht aufstehen! Sondern viel lieber ein Faultier sein und mit dem Kopf nach unten im Baum hängen.« Dann beugen Sie sich nach unten und gucken Ihr Kind durch die Beine hindurch mit einem lustigen Gesicht an, bis es lacht … »Und dann hab ich auch noch Schimpfkaffee getrunken … Aber wenn du jetzt ganz schnell machst, bekommst du den großen Preis von Müllershausen, und das ist ein dicker Kuss.«

Machen Sie immer Ihre eigene Person zum Gegenstand einer humorvollen Äußerung. Nur so kann eine vertrauensvolle Atmosphäre entstehen, die Voraussetzung für jede positive Veränderung ist.

Auch das Erfinden lustiger Namen für eigene Schwächen vermeidet wütende Szenen: »Ich hab heute wohl aus Versehen eine Ziegenpille geschluckt, deshalb muss ich so viel meckern.« Oder: »Weißt du, heute sitzt ein stinkendes, ungewaschenes, verzotteltes Monster in meinem Kopf und tut mir weh. Bitte sei freundlich zu mir.«

Manchmal reicht es schon, ein komisches Gesicht zu ziehen, um einen Konflikt zu entschärfen. Daher ist eine rote Nase etwas, was in keiner Familie, in keinem Kindergarten und keiner Schule fehlen sollte. Entdecken Sie den Clown in sich!

»DU SCHAFFST DAS!« – EIN PROGRAMM OHNE STRAFEN

Ben Furmans Programm mit spielerischen und praktischen Lösungen für Konflikte mit Kindern wird inzwischen international erfolgreich angewendet. Es eignet sich besonders bei »festgefahrenen« Problemen.

In einem ersten Schritt wird die Schwierigkeit als noch zu erlernende Fähigkeit umformuliert. Ihr Kind tut sich zum Beispiel schwer, bei Wutanfällen destruktive

Handlungen wie das Zerstören von Sachen oder Hauen zu kontrollieren. Die zu erlernende Fähigkeit könnte dann sein, wenn es wütend wird, auf einen Boxsack zu schlagen oder ein besonderes Kissen zu malträtieren. Anstatt das Kind für sein problematisches Verhalten zu bestrafen, wird es in einer ruhigen Situation gefragt, ob es lernen möchte, bei Wut auf ein Kissen einzuprügeln. Gleichzeitig wird mit ihm besprochen, welche Vorteile ihm diese neue Fähigkeit bringt – es findet vermutlich leichter Kinder, die mit ihm spielen wollen, die Eltern und Erzieher sind entspannter, Oma und Opa freuen sich ...

Als Nächstes soll das Kind sich einen Namen für diese Fähigkeit ausdenken – zum Beispiel »Aufs-Kissen-Hauen« oder »Richtig-Dampf-Ablassen«. Zur Unterstützung dieser Fähigkeit wählt es sich eine Kraftfigur aus. Das kann ein besonderes Tier oder eine Figur aus einem Spiel, einem Comic oder einer Fernsehserie sein. Außerdem bestimmt es Helfer, die bei den Übungen helfen sollen: Freunde, Verwandte, Erzieher, die eingeweiht und vom Kind als Unterstützer gewünscht sind. Nach dem Motto »Du schaffst das!« trägt die gesamte Unterstützergruppe dazu bei, Selbstvertrauen und Zuversicht aufzubauen. Als zusätzliche Motivation wird mit dem Kind geplant, wie man seinen Erfolg feiern wird. Das können eine kleine Party, ein besonderer Ausflug oder besondere Speisen sein. Wichtig ist, dass die Würdigung eine echte Motivation darstellt, die sich zuverlässig und zeitnah nach Erlernen der Fähigkeit realisieren lässt. Es hilft auch, Personen aus dem Umfeld des Kindes darüber zu informieren, dass es gerade dabei ist, etwas Neues zu lernen.

Besprechen Sie dann mit dem Kind, wie es üben will, zum Beispiel durch Rollenspiele: Sie sind dann der »böse

Kevin«, der Ihren Sohn mit Worten provoziert oder sogar anrempelt. Das macht einen zu Recht wütend! Aber statt zu hauen, kann es antworten, Unterstützung holen oder seine Aggressionen am Kissen auslassen.

Eine nützliche Regel ist, die neue Fähigkeit einmal am Tag zu üben. Außerdem sollten Sie mit Ihrem Kind besprechen, wie Sie sich verhalten sollen, wenn es die zu erlernende Fähigkeit vergisst. Beachten Sie bitte, dass Rückfälle dazugehören. Es ist normal, dass sie vorkommen werden. – »Was meinst du, soll ich dich dann lieber in Ruhe lassen oder in den Arm nehmen?«

Wann genau weiß man aber, ob das Kind seine Wut wirklich im Griff hat? Fragen Sie das Kind selbst und die Kinder in seinem Umfeld. Wenn alle der Meinung sind, dass sich wirklich etwas verändert hat, kann der Erfolg gefeiert werden.

Bei dieser Gelegenheit kann sich das Kind bei seinen Unterstützern bedanken. Wenn noch jüngere Kinder im Haus oder in der Einrichtung sind, kann das Kind selbst zum Unterstützer werden und anderen helfen, sich weiterzuentwickeln.

Rituale geben Sicherheit

Wenn Eltern eine Familie gründen, schaffen sie automatisch Rituale, die nach und nach eine eigene Familienkultur entstehen lassen. Oft sind sie sich dessen gar nicht bewusst.

Das Leben mit einem Baby ändert alles. Und die wenigsten Paare können sich vorstellen, wie sich diese Veränderungen konkret auswirken. Der Tagesablauf und das Miteinander bekommen eine ganz neue Qualität. Vom Frühstück bis zum Sex ist nichts mehr so, wie es mal war. Oft haben wir Wunschvorstellungen und sind schließlich enttäuscht, wenn alles anders kommt. Beste Voraussetzungen für die Wut.

Wenn wir uns die Eigenarten unserer persönlichen Familienkultur bewusst machen, können wir Entscheidungen treffen und Veränderungen bewirken. In vielen Familien gibt es unbewusste Rituale – zum Beispiel, dass bei jeder gemeinsamen Mahlzeit lamentiert und gestritten wird. Wenn Sie auch der Meinung sind, dass Essen im Familienkreis ein schönes Ritual sein soll, dann stellen Sie die Regel auf, Konflikte und Kritik prinzipiell nicht beim Essen zu besprechen.

Auch Rituale aus unserer Kindheit sollten angeschaut und zwischen den Eltern besprochen werden: Wie wurden in unserer Herkunftsfamilie die großen Feste (Geburtstage, Ostern und Weihnachten) begangen? Sollen diese Traditionen fortgesetzt oder verändert werden?

Spleens
zum Prinzip
erheben

Frieden und Harmonie lassen sich nicht erzwingen. Die Bereitschaft, bestimmte Werte zu beherzigen, entwickelt sich erst nach und nach durch Geduld, Vorbilder, Vertrauen und die gesamte Atmosphäre.

In manchen Familien ist das äußere Erscheinungsbild wichtiger als alles andere. Brüllen und Schreien sind absolut tabu. Gutes Benehmen und gesellschaftlicher Erfolg spielen eine große Rolle. Wenn Eltern sich bemühen, ehrlich zu kommunizieren, und auch ihre Kinder dazu ermutigen, vermitteln sie ihnen, dass das Innere eines Menschen, seine Gefühle und Bedürfnisse, genauso wichtig ist wie seine äußere Erscheinung.

In Gesprächen oder auch in hitzigen Diskussionen werden Kompromisse gefunden, die alle befriedigen. Die Familienkonferenz kann so ein Ritual sein. Auf diese Weise entstehen familiäre Werte, die zu einem sicheren Hafen werden, in dem jedes Familienmitglied ein Leben lang Zuflucht findet.

DIE FAMILIENKONFERENZ

Diese Art der Konfliktlösung eignet sich am besten für Familien mit mehreren Kindern im Schulalter. Der Termin sollte so gelegt werden, dass alle Zeit haben und niemand auf irgendetwas, das ihm wichtig ist, verzichten muss.

Als Erstes schreibt oder benennt jeder Teilnehmer das Problem, das besprochen werden soll. Das kann zum Beispiel die Gestaltung des Sonntags sein, die Benutzung des Fernsehers oder die Ordnung im Badezimmer. Werden mehrere Konflikte benannt, wird das dringendste Thema abgestimmt, indem jeder drei Punkte zu vergeben hat. Es empfiehlt sich, ein großes Papier auf den Tisch zu legen, auf das jeder sein Thema schreibt. Geht man nur mündlich vor, besteht die Gefahr, dass stille und introvertierte Teilnehmer zu kurz kommen.

In einem zweiten Schritt werden Lösungen gesucht und aufgeschrieben. Jeder Vorschlag wird ernst genommen und zunächst nicht kommentiert oder bewertet. Lösungen werden erst in einem dritten Schritt diskutiert. Auch hier empfiehlt es sich, Punkte für die favorisierte Lösung zu vergeben. Wichtig ist auch, dass Eltern ihre ehrliche Meinung vertreten. »Diese Lösung finde ich ungerecht, weil …«

In einem vierten Schritt wird eine Lösung ausgewählt: »Also gut, wenn wir uns einig sind, lasst uns das ausprobieren.« Dann wird genau besprochen, wie der Plan umgesetzt werden soll: »Was brauchen wir?«, »Wann fangen wir an?«, »Wer macht was?«. Je genauer die Verantwortlichkeiten definiert sind, desto einfacher wird die Umsetzung.

In einem letzten Schritt wird vereinbart, wann die Veränderung überprüft wird: »Hat sie sich bewährt oder muss nachgebessert werden?«

Rituale geben uns Sicherheit, indem über einen längeren Zeitraum das Gleiche immer wiederkehrt. Ihre Bestandteile – besondere Farben, Speisen, Getränke und Musik – können Glücksgefühle auslösen.

Familienrituale, die wir bewusst einführen, sind ein wichtiger Bestandteil unserer Kultur: Vom Wecken am Morgen bis zum Ins-Bett-Gehen können wir Rituale schaffen, die unser Familienleben bereichern und allen Geborgenheit geben.

Ein unvergessliches Erlebnis aus meiner eigenen Kindheit ist, dass mein Vater uns morgens mit einem Lied weckte. Ich fand das toll. Meine eigene Tochter wollte bis zu ihrem 10. Lebensjahr mit einem Lied einschlafen. Als ich einmal auf einer Klassenfahrt versuchte, die Kinder so in den Schlaf zu singen, fanden sie das total albern.

Überholte Rituale

Rituale können auch Wut auslösen, wenn sie hohl oder überholt sind. Dazu gehört auch der Zwang, Weihnachten immer auf eine bestimmte Art und Weise zu feiern, auch wenn es einen gar nicht erfüllt.

Ein Kind wird zum Beispiel irgendwann keinen Mittagsschlaf mehr machen wollen. Und so schön es auch gewesen sein mag, sich nachmittags gemeinsam ins Bett zu kuscheln: Irgendwann passt das nicht mehr.

derten. Bücher, so sagt Astrid Lindgren, sind Freunde, die uns niemals enttäuschen. Freunde, bei denen wir Trost finden, wenn wir traurig sind, und Freude und Schönheit, wenn das Leben grau erscheint. Anders als Freunde aus Fleisch und Blut können wir Eltern unseren Kindern diese Freunde schlicht und einfach – schenken.

Bewegung und Nichtstun

Wenn wir wütend werden, läuft in uns zunächst ein unbewusster Automatismus ab: Der Körper fühlt sich gefährdet oder gefährlich eingeschränkt und bereitet sich auf einen Angriff vor. »Aggression ist ein Programm, welches in bedrohlichen Situationen anspringt und ein Verhaltensrepertoire zur Verfügung stellen soll, das es ermöglicht, uns einer Gefahr entgegenzustellen und sie zu bewältigen«, schreibt der Neurologe Joachim Bauer: »Da dieser körperliche Angriff aber meist nicht erfolgt – wer springt schon seinem Chef ins Gesicht? –, bleiben die aufgebauten Energien ungenutzt und verkrampfen uns. Die Angstzentren bleiben sozusagen ›neurobiologisch geladen‹.«

Ein Kind, das strampelt und auf den Boden schlägt, hilft sich sozusagen selbst. Denn Bewegung ist Entladung, also Stressabbau. Er-

wachsene haben andere Möglichkeiten: Sie können sich aussprechen und, wenn das nicht möglich ist, sich schütteln, aufstampfen
oder losrennen. Ein kleiner Wuttanz lässt sich gut im Badezimmer
ausführen, zumindest wenn keiner zuschaut.

Bewegung hilft gegen Wut und Aggression. Wer regelmäßig Sport
treibt, und sei es nur 30 Minuten am Tag, erhöht nicht nur sein
Selbstwertgefühl und sein Selbstvertrauen, sondern wird auch ruhiger und ausgeglichener. Durch das Training werden Endorphine
ausgeschüttet, die im Körper ein Wohlgefühl auslösen – das
»Runner's High« des Joggers kann sogar in Euphorie umschlagen.

Wer Kinder hat, verfügt über hauseigene Motivationstrainer. »Tik-
kerspiele«, bei denen man sich gegenseitig fangen muss, Bolzen
auf dem Fußballplatz, Schwimmen oder einfach Losrennen sind
Aktivitäten, die nichts kosten und jeder bewältigen kann.

Eine Frage der Ernährung

Machen Süßigkeiten wütend? Tatsächlich gib es »Aggression be-
günstigende Effekte« (Joachim Bauer), die von zuckerreicher Ernährung ausgehen. Eine an über 17.000 Menschen durchgeführte
Untersuchung zeigt, dass bei Jugendlichen, die als Kinder viele Süßigkeiten erhalten haben, das Risiko, wegen Gewalttaten straffäl-
lig zu werden, um das 1,6-Fache steigt. Das heißt nicht, dass Zuk-
kerkonsum generell aggressiv macht, dennoch sollte uns der An-
stieg des Zuckerkonsums nicht kaltlassen. Der Verbrauch hat sich

WARME DUSCHE

Wenn die Stimmung im Familienkreis sinkt, hilft eine »warme Dusche«: Jeder Teilnehmer sagt, was ihm in den letzten Tagen gut gefallen hat und wofür er oder sie dankbar ist – »Ich fand schön, dass Papa gestern noch mal an mein Bett gekommen ist, als ich traurig war«, »Ich bin froh, dass ich keine Windpocken mehr habe«, »Ich fand toll, dass es gestern Pizza gab«.

Im Alltag vergessen wir oft die einfachsten Dinge. Deshalb kann es ein schönes Ritual sein, sich an einem bestimmten Wochentag nach dem gemeinsamen Essen eine »warme Dusche« zu gönnen.

in den letzten Jahren bei ca. 35 Kilogramm pro Person und Jahr eingependelt. Im Jahr 1800 waren es höchstens 4 Kilogramm. Zu viel Zucker macht nicht nur krank und dick, sondern deutet auch darauf hin, dass die Kinder nicht gelernt haben, Bedürfnisse aufzuschieben. Ihre Frustrationstoleranz ist entsprechend gering: »Süßigkeiten aktivieren die Motivations- und Belohnungssysteme des Gehirns. Kinder, die gewohnt sind, diese Systeme in kurzen Abständen permanent mit Süßigkeiten zu befriedigen, lernen nicht, einen Aufschub der Gratifikation zu ertragen«, schreibt Joachim Bauer.

Experimente in amerikanischen Erziehungsheimen und Jugendstrafanstalten haben ergeben, dass durch die Streichung von Milch und Milchprodukten ein schlagartiger Rückgang von aggressivem Verhalten zu verzeichnen war. In Virginia mussten die Gefangenen auf Zucker ganz verzichten, wodurch sich die Stimmung erheblich verbesserte und Gewalttaten abnahmen. Falsche Ernäh-

Schlechte Ernährung macht aggressiv

rung kann einen großen Einfluss auf die Aggressionsbereitschaft haben. Joachim Bauer führt aus, dass die Aggressionskontrolle im Stirnlappen auf die Anwesenheit des Botenstoffes Serotonin angewiesen ist. Die Synthese von Serotonin im menschlichen Körper setzt allerdings die Aufnahme der Aminosäure Tryptophan voraus, die in jeder eiweißreichen Nahrung vorhanden ist. Fehlt diese, so hat man an Testpersonen herausgefunden, werden Menschen leichter unkontrolliert aggressiv. An der Universität Oxford hat man festgestellt, dass bei Strafgefangenen 30 Prozent weniger Regelverstöße und Gewalttaten vorkamen, wenn sie eine Ernährung erhielten, die reich an Vitaminen, Spurenelementen und ungesättigten Fettsäuren war. Und ein Schulversuch in Hamburg zeigte, dass Förderschüler bessere Leistungen erzielten, wenn sie sich vollwertig ernährten.

Fleisch, Milch und Eier sind nicht weniger schädlich als Rauchen, behaupten einige Nahrungswissenschaftler in den USA, nachdem sie zahlreiche Untersuchungen durchgeführt haben, die man zum Beispiel in der »China Study« nachlesen kann.

Selbst wenn die wenigsten bereit sind, ihre Essgewohnheiten radikal zu ändern: Der Konsum von Süßigkeiten wird in fast jeder Familie regelmäßig diskutiert. Im Jahr 2014 warnte die Weltgesundheitsorganisation (WHO) vor Zuckerkonsum, der nie mehr als 10 Prozent der gesamten Energieaufnahme betragen soll. Zucker wurde zu Gift erklärt. Gesund sei es, nur 5 Prozent der gesamten Energieaufnahme durch Zucker zu befriedigen. Schon ein Glas Co-

● ● ● ● ●

la oder eines anderen Softdrinks am Tag ist mehr als genug. Die meisten Menschen wissen allerdings gar nicht, worin sich überall Zucker versteckt. Gerade Produkte für Kinder werden von der Werbung für »gesund« erklärt, obwohl sie viel zu viel Zucker enthalten.

Süßigkeiten allein machen nicht aggressiv, schon gar nicht, wenn sie die beruhigenden Aromen von echter Vanille enthalten. Sie können aber durchaus das letzte Tröpfchen sein, das ein Fass zum Überlaufen bringt!

Kleine Obststückchen zum Naschen zwischendurch und Gemüsesticks zum familiären Fernsehabend können genauso zur Gewohnheit werden wie Vorlesen und Zähneputzen.

In der Natur

Wer einen Park oder sogar einen Wald in seiner Nähe hat, kann froh und dankbar sein, denn er lebt in Gesellschaft eines der besten Therapeuten. Mit seinen starken Wurzeln, die in der Erde verankert sind, dem kräftigen Stamm, den so leicht nichts umhaut, und seiner Krone, die nicht nur in den Himmel ragt, sondern mit ihren zigtausend Blättern uns auch Luft zum Atmen gibt, hat jeder Baum eine berührende Symbolkraft.

Aus gutem Grund pflanzen manche Eltern zur Geburt ihres Kindes einen Baum. Ein Baum wächst von allein, aber er braucht bestimmte Bedingungen, die sein Wachstum begünstigen. Einmal in die Erde gepflanzt, bleibt er an diesem Ort, manchmal für mehrere hundert Jahre: eine Eigenschaft, die heute immer weniger auf Menschen und Familien zutrifft. Umso schöner ist die Vorstellung, dass Kinder im Erwachsenenalter an die Stelle zurückkehren, wo »ihr Baum« steht, auch wenn sie längst an anderen Orten leben.

Dass Bäume zu »grünen Brüdern« werden können, habe ich immer wieder erlebt. Enttäuschung, Frust und Wut kann man im Wald gut loswerden. Kinder, die leicht wütend werden, sind unter Bäumen gut aufgehoben. Kein Wunder, dass Waldkindergärten so beliebt sind. Erzieher berichten, dass sie im Wald viel geduldiger sind, weil der Lärmpegel einer normalen Kita nicht vorhanden ist und die Kinder so ausgeglichen sind. Selbst »schwierige« Kinder werden ausgeglichener. Im Wald ist Zeit und Raum für jedes Gefühl.

Bäume sind gute Zuhörer

Mutter oder Vater können sich im Wald einen Klagebaum suchen, dem sie ihre Nöte mitteilen. Früher war es üblich, Bäumen Krankheiten zu übertragen, indem man etwas vom Kranken an den Baum heftete. Andere haben Bäumen Wünsche mitgeteilt, die sie auf Papier schrieben und in die Zweige hängten.

In der Natur finden wir überall Symbole, die uns hilfreiche Antworten geben können. Ein Bach oder Fluss kann uns daran erinnern, dass alles vorübergeht. Jede Situation, die heute anstrengend ist, kann morgen schon ganz anders sein.

Auch Wolken verändern dauernd ihre Form und Farbe. Sie ziehen dahin wie Gedanken, die kommen und gehen. Auch negative Gefühle verschwinden mit der Zeit.

Im Herbst geht es ums Loslassen. Wenn die Blätter fallen, haben Kinder ihren Spaß, während wir uns mit dem unentwegten Werden und Vergehen beschäftigen. Eines Tages werden unsere Kinder uns verlassen! Welche Erinnerungen sollen sie mitnehmen?

Im Winter kehrt Ruhe und Stille ein. Aber nichts ist wirklich tot. Alles ruht nur unter einer Decke aus Frost und manchmal Schnee. Bäume haben im Winter schon Knospen.

Mit aller Macht sprießt und grünt es wieder im Frühling. Auch wenn wir uns oft erschöpft fühlen, kommt die Kraft immer wieder zurück.

Stopp! – Muster unterbrechen

»Unsere Aufgabe als Eltern ist zum Teil deshalb besonders intensiv und anstrengend«, schreiben Myla und Jon Kabat-Zinn, »weil unsere Kinder von uns Dinge fordern, die niemand anders von uns fordern könnte, und wie es niemand anders tun könnte oder würde. Sie sehen uns so nah wie kein anderer Mensch und sie zwingen uns ständig, in den Spiegel zu schauen, den sie uns vorhalten.«

Das Stoppschild als Verkehrszeichen kennt fast jeder. Kindern wird beigebracht, in sportlichen Kämpfen »Stopp!« zu rufen oder ein verabredetes Zeichen zu geben, wenn sie sich unwohl fühlen. Dann wird die Kampfsituation unterbrochen.

Veränderung heißt, Neues zu üben

Wenn wir etwas verändern wollen, müssen wir Neues einüben, immer wieder. Ob Wut oder ein anderes eingefahrenes Muster, in das wir immer wieder verfallen – wir müssen den Film, in dem wir gerade stecken, anhalten. So, als würden wir die Stopptaste drücken. Ein Kind hat etwas getan, was uns extrem ärgert. Wir wollen losbrüllen. Stopp! Probieren Sie einen anderen Weg.

Emil soll als Hausaufgabe einen kleinen Text abschreiben, um für ein Diktat zu üben. Nach 10 Minuten ist er immer noch damit beschäftigt, sein Heft zu suchen. Ich helfe ihm. Nach 15 Minuten hat er noch nicht einmal das Datum geschrieben. Ich ermahne ihn freundlich. Nach 20 Minuten ist er gerade bei der Überschrift angekommen und spielt mit seinem Radiergummi. Ich spüre meine Ungeduld. Nach 25 Minuten stelle ich mir vor, dass eine Stunde bald um ist und Emil nichts geschafft haben wird. Das macht mich rasend, denn ich möchte, dass mein Kind die Rechtschreibung erlernt. Ich stelle fest, dass ich kurz davor bin, Emil anzubrüllen. Spätestens jetzt fällt mir das Stoppschild ein: STOPP! Nicht schon wieder! Erinnere dich! Ich habe mir ja etwas vorgenommen, und heute werde ich es ausprobieren!

Möglichkeit 1: Gleich, nachdem ich Emils Schwerfälligkeit entdecke, mache ich einen Vorschlag: Emil, ich glaube, du bist noch nicht bereit für deine Aufgaben. Ich schlage vor, wir machen erst mal einen Indianertanz (zu Emils wilder Lieblingsmusik), dann isst du zwei Apfelstückchen, und dann geht's los.

Möglichkeit 2: Sie lassen die Hausaufgaben ganz bleiben und schreiben der Lehrerin einen Zettel: »Emil war gestern nicht in der Lage, seine Hausaufgaben zu bewältigen. Er konnte sich nicht konzentrieren. Bitte entschuldigen Sie das.« – Wie wird Emil darauf reagieren? Und wie reagiert die Lehrerin? Es wäre doch den Versuch wert, das herauszufinden.

Möglichkeit 3: Sprechen Sie mit Emil über die Fähigkeit, die er noch erlernen muss, und entwickeln Sie mit ihm einen Plan wie oben beschrieben (S. 106–108).

Ein einfaches Mittel, um sich an eine geplante Verhaltensänderung zu erinnern, besteht darin, sich ein Symbol zu suchen: Ein Schneckenhaus kann daran erinnern, alles ruhiger angehen zu lassen, und eine kleine Feder an die Macht der Zärtlichkeit.

Ich habe mir aus der Spielzeugkiste meines Sohnes ein kleines Stoppschild ausgesucht, das mich daran erinnert, nicht wieder in alte Gewohnheiten zurückzufallen.

Nichtstun kann guttun

Wut entsteht oft dann, wenn die Lösung nicht sofort bereitsteht. Wir sind es gewohnt, zu handeln und Entscheidungen zu treffen.

Wir wollen das Schiff steuern und ein Ziel erreichen. Aber es gibt eben auch Situationen, in denen uns nichts einfällt. Und genau das ist manchmal genau das richtige Mittel.

In festgefahrenen Situationen kann es sinnvoll sein, alle Schalter auf null zu stellen und einfach einen Schritt zurückzutreten: nichts tun, still sein, schweigen.

Die Dinge geschehen auch ohne mich – also lasse ich sie geschehen. Und vertraue darauf, dass im Loslassen alles seinen Platz findet. Indem ich zurücktrete, verändere ich meinen Standpunkt und damit auch meine Sichtweise. Ich akzeptiere, dass ich nicht immer wissen muss, was als Nächstes zu tun ist. Nichtstun bewahrt mich vor blindem Aktionismus, vor Handlungen, die ich nicht rückgängig machen kann.

In Pausen wächst Vertrauen

Der erste Schritt zur Veränderung beginnt immer mit einer Pause, einem Innehalten. Treten Sie innerlich einen Schritt zurück. »Tue nichts und alles ist getan«, hat Laotse gesagt. Immer dann, wenn ich kurz davorstehe, in ein altes Muster zurückzufallen, birgt jede kleine Pause das Potential einer enormen Veränderungskraft.

Sie schaffen das nicht? Macht nichts! Beim ersten Mal schafft das kaum einer. Sie müssen nicht perfekt sein. Probieren Sie es einfach beim nächsten Wutanfall noch mal!

Es lohnt sich, in ruhigen Minuten darüber nachzudenken, welche Situationen Sie immer wieder erzürnen. Vielleicht machen Sie sich einen Plan: Wie haben Sie sich bisher verhalten? Was könnten Sie morgen ganz anders ausprobieren?

ZUM WEITER-LESEN

David McKee
Du hast angefangen! Nein du! (Sauerländer)

Beim Betrachten dieses Buches werden sich Eltern und Kinder kaputtlachen. Die beiden Monster streiten sich und werden so wütend, dass sie ihre gesamte Umgebung zerstören. Die Absurdität des Rechthabenwollens wird hier sehr komisch aufs Korn genommen.

Jutta Bauer
Schreimutter (Beltz & Gelberg)

Welche Mutter hat nicht schon mal ihr Kind zusammengeschrien? Als Pinguinmutter das macht, fällt der kleine Pinguin richtig auseinander: Sein Kopf fliegt ins Weltall und sein Körper ins Meer. Aber ein Wort macht, dass sich alles wieder heil zusammenfügt: Entschuldigung! Ein köstliches Buch!

Monika Wieber
Warum bist du so wütend, Löwe? (Iskopress)

In diesen kleinen therapeutischen Geschichten werden Eltern,
aber auch Therapeuten, Erzieher und Kinder zum Nachdenken
und Miteinanderreden angeregt. Der neugierige Hund Domino
befragt verschiedene Tiere über ihre Wut und vermittelt so
emotionale Kompetenz.

Manfred Mai, Leonard Erlbruch
Das Zornickel (Ravensburger)

Dieses Buch, das sich auch zum Selberlesen oder als Schullek-
türe eignet, beschreibt einen sehr wütenden Jungen, der nicht
nur einen blöden Mathelehrer hat, sondern auch noch von
Mama und Schwester genervt wird. So erfindet er das »Zornickel«, das aber tatsächlich lebendig und aktiv wird. Es hilft seinem Erfinder – aber macht ihn das Ergebnis wirklich froh? Eine
kluge Parabel über die Auswirkungen unkontrollierten Zorns.

Erika Meyer-Glitza
**Wenn Frau Wut zu Besuch kommt. Therapeutische Geschich-
ten für impulsive Kinder** (Iskopress)

Diese Geschichten sollten Eltern erst mal selber lesen, bevor sie
vorgelesen werden. Es geht um ganz verschiedene Kinder und
ihre Wut. Fremdenfeindlichkeit, Übergewicht, Gewalt, Ver-
nachlässigung und Adoption werden so angesprochen, dass
Kinder sich verstanden fühlen und darin wiederfinden, falls sie
betroffen sind. Keine leichte Kost, aber sehr hilfreich.

QUELLEN-NACHWEIS

Udo Baer/Gabriele Frick-Baer: *Wie Kinder fühlen.* Beltz 2008

Udo Baer/Gabriele Frick-Baer: *Der kleine Ärger und die große Wut.* Beltz 2009

Joachim Bauer: Schmerzgrenze. *Vom Ursprung alltäglicher und globaler Gewalt.* Karl Blessing 2013

Wolfgang Bergmann: *Disziplin ohne Angst.* Beltz 2007

Julia Dibbern: *Verwöhn dein Baby nach Herzenslust. 9 Verwöhn-Bausteine für den Start ins Leben.* Beltz 2014

Ben Furman: *Gut gemacht! Das »Ich schaff's«-Programm für Eltern und andere Erzieher.* Carl Auer 2014

Ben Furman: *Ich schaff's! Spielerisch und praktisch Lösungen mit Kindern finden. Das 15-Schritte-Programm für Eltern, Erzieher und Therapeuten.* Carl Auer 2013

Saskia Guddat/Michael Tsokos: *Deutschland misshandelt seine Kinder.* Droemer 2014

Peter Handke: »Manchmal hab ich Angst vor mir«. Interview mit Peter Kümmel in: *DIE ZEIT* Nr. 39/2014

Nora Imlau: *Freundschaft: Wie Kinder sie erleben und Eltern stärken können.* Beltz 2014

Thomas Gordon: *Familienkonferenz.* Heyne 1970

Jesper Juul: *Elterncoaching. Gelassen erziehen.* Beltz 2011

Jesper Juul: *Aus Stiefeltern werden Bonus-Eltern. Chancen und Herausforderungen für Patchworkfamilien.* Kösel 2011

Jesper Juul: *Aggression. Warum sie für uns und unsere Kinder notwendig ist.* S. Fischer 2013

Myla und Jon Kabat-Zinn: *Mit Kindern wachsen. Die Praxis der Achtsamkeit in der Familie.* Arbor 1997

Heidi Kastner: *Wut. Plädoyer für ein verpöntes Gefühl.* Kremayr & Scheriau 2014

Dieter Krowatschek: *Wut. Wie Sie mit Aggressionen Ihres Kindes umgehen.* Patmos 2013

Astrid Lindgren: *Wir Kinder aus Bullerbü.* Oetinger 2014

Joachim Meyerhoff: *Alle Toten fliegen hoch.* Kiepenheuer & Witsch 2011

Nicola Schmidt: *Mut. Wie Kinder über sich hinauswachsen.* Beltz 2014

Gisela Preuschoff: *Arme Jungs. Was Eltern, die Söhne haben, wissen sollten.* PapyRossa 2007

Gisela Preuschoff: *Wenn Kinder die Wut packt.* Herder 1999

Marshall B. Rosenberg: *Gewaltfreie Kommunikation. Eine Sprache des Lebens.* Junfermann 2012

Josef Sachs/Volker Schmidt: *Faszination Gewalt. Was Kinder zu Schlägern macht.* Orell Füssli 2014

Friedemann Schulz von Thun: *Miteinander reden 1–4.* Rowohlt 2014

Peter Sloterdijk: *Zorn und Zeit. Politisch-psychologischer Versuch.* Suhrkamp 2006

Aletha J. Solter: *Warum Babys weinen. Gefühle von Kleinkindern.* Kösel 1996

Rita Steininger: *Das Anti-Wut-Buch. Für Eltern und Kinder.* Patmos 2014

DANK-SAGUNG

Ich war ein braves, angepasstes Kind. In meiner Herkunftsfamilie war Wut ein Tabu. Meine Eltern haben zwei Kriege
und zwei Hungersnöte überlebt. Sie konnten alles andere
gebrauchen als ein wütendes Kind. Bekam ich doch mal
einen kleinen Wutanfall, öffnete mein Vater das Fenster,
um das »Teufelchen« rauszulassen.

Das war beschämend. Bis heute fällt es mir schwer, meine
Wut kompetent auszudrücken. Das hat eine Menge Nach-
teile.

Trotzdem bin ich für die wunderbaren Erfahrungen mit
fünf Geschwistern in meiner Herkunftsfamilie äußerst
dankbar.

Viel später lernte ich den Vater meiner Kinder kennen, der
von klein auf gut wüten konnte und sehr energiegeladen
war. Er konnte laut werden und auch mal Porzellan zer-
schlagen. Ich habe seine Wut nicht gemocht, aber seine
Tatkraft und Energie geliebt. So lernte ich die gute Seite
der Wut kennen.

Durch meine Ausbildung am Berliner Institut für Familientherapie wurden mir die Augen für das Geschehen hinter
den familiären Bühnen geöffnet. Ich lernte neue Sicht-
weisen kennen und größere Zusammenhänge zu sehen.
Davon profitiere ich bis heute.

In meiner täglichen Arbeit mit Kindern haben mir gerade
die wütenden und unbeliebten immer wieder geholfen,
mehr zu lernen und Erfahrungen zu sammeln.

Meine eigenen vier Kinder sind bis heute geliebte
Gesprächspartner und Lehrmeister in Sachen »Wie das
Leben so spielt«. Meine Tochter hat das Manuskript als
werdende Mutter gelesen und mir geholfen, es zu
ergänzen.

Seit zehn Jahren lebe ich mit Eberhard Storz zusammen,
der in unzähligen Gesprächen viele Anregungen für meine
Arbeit liefert und mir in meinen täglichen Katastrophen
ein helfender Retter und kluger Diskussionspartner ist.

Danke euch allen!

Dieses konkrete Buch aber verdanke ich meinem Lektor
Tarek Münch, der mir geduldig, aufmunternd und kompetent zur Seite stand. Herzlichen Dank!

Mutige Eltern – mutige Kinder

Mutige Kinder brauchen Eltern, die Freiräume möglich machen. Denn Mut entsteht vor allem dann, wenn Kinder unter sich sind. Mutig sein bedeutet, sich über Regeln und Sicherheiten hinwegzusetzen. Aber auch ein klares Nein, das Vermeiden von Gefahren, verlangt von Kindern Mut.

Nicola Schmidt führt durch die Gefühlslandschaft Mut und zeigt, wie diese Stärke bei Kindern wächst. Sie beleuchtet entwicklungspsychologische Hintergründe und bescheibt Mutproben von Afrika bis Alaska. Kinder erzählen von ihren aufregendsten Erlebnissen. Und Eltern erfahren, wie sie kindlichen Mut im Spannungsfeld von Schutz und Autonomie fördern können.

Nicola Schmidt scheibt als Wissenschaftsjournalistin u. a. für die Süddeutsche Zeitung. Seit 2010 organisiert sie im Artgerecht-Projekt gemeinsam mit Wildnispädagogen Camps und Workshops für Kinder und Eltern. Mit ihrer Familie wohnt sie an einem großen Wald in der Nähe von Bonn.

Nicola Schmidt
Mut – Wie Kinder über sich hinauswachsen
broschiert, 144 Seiten,
vierfarbig mit vielen Fotos
ISBN 978-3-407-72715-2

Freunde sind Entwicklungshelfer

In Freundschaften entdecken Kinder neue Horizonte. Bei Gleichaltrigen lernen sie, auf andere einzugehen und Regeln zu vereinbaren. Jeder Freund ist anders, manchmal sogar unsichtbar. In den Spiel- und Phantasiewelten von Kindern bedeutet »Freunde sein« etwas anderes als für Erwachsene.

Nora Imlau geht vom großen Potential von Kinderfreundschaften aus und zeigt, welche Werte und Rituale in diesen Beziehungen eine Rolle spielen. Sie zeigt, wie Freunde die Persönlichkeit prägen, und gibt Tipps, wie Eltern ihre Kinder unterstützen können: Wie lassen sich Brücken bauen, wenn Kinder alleine bleiben? Was können sie tun bei Schüchternheit, sozialen Problemen oder Verlusterfahrungen?

Nora Imlau schreibt regelmäßig für die Zeitschrift »Eltern« und hat zwei erfolgreiche Elternratgeber veröffentlicht: »Crashkurs Baby« und »Das Geheimnis zufriedener Babys«.

Nora Imlau
Freundschaft – Wie Kinder sie erleben und Eltern sie stärken können
broschiert, 128 Seiten,
vierfarbig mit vielen Fotos
ISBN 978-3-407-72716-9